耻辱柱的历史

[意]亚历山德罗·曼佐尼 | 著

刘 玥 | 译

上海社会科学院出版社

目 录

序 言 /1

第 1 章 /13

第 2 章 /27

第 3 章 /53

第 4 章 /85

第 5 章 /127

第 6 章 /147

第 7 章 /167

注 释 /185

- 序　言 -

在 1630 年的米兰，法官们判处了几个被指控以愚昧且不乏恐怖手段传播瘟疫的人极其严酷的刑罚——死刑。他们认为自己做了一件十分值得纪念的事情，于是在宣布判决后，又在死刑的基础上，下令将其中一个可怜人的家夷为平地；接着，他们颁布了一道指令，让人们在那片空地上竖立一根叫作耻辱柱的柱子，在柱上刻下记载此桩罪行和相应处罚的铭文，以示后人。他们在铭文中并没有自欺欺人：那场审判的确值得纪念。

在《约婚夫妇》[1] 的某些章节里，作者表达了出版这段历史的意愿，而这本书就是他呈现给公众的历史。他这么做并非不感到难为情，因为他知道其他人本来会期待这是一部皇皇巨著，体量与《约婚夫妇》相当。但是如果他因期待破灭而沦为笑柄，那么请允许他至少抗议一下，这场误会并不是他的错，如果一只老鼠降生到这世上，它也没说过大山会生孩子[2]。他只说过，作为一段插曲，这样一段历史会显得太长，而尽管这个主题已经被一位其价值配得上他那响亮名号的作家探讨过了（即皮埃特罗·维里的《论酷刑》[3]），他却觉得还能从另一个角度入手把整个故事再讨论一遍。只需用三言两语解释清楚个中差异，就能使读者明白进行此项新工作的理由，也可以说，这是一项十分有用的工作，可惜的是，这种用处更多地取决于工作的实施，而不是它的意图。

就像他作品题目表明的那样，皮埃特罗·维里计划从这件事中得出一个反对酷刑的论点，让人们看到它怎样强行取得了有关一桩罪行的供述，而这桩罪行于情于理都不可能发生。他的论据很严密，同时又十分高尚而富于人道主义精神。

但就他书写的历史来说，无论它在一桩复杂事件，在一桩人处于非理智状态下对人做出的滔天恶行面前显得多么简明扼要，人们一定有可能从中提取出一些更普遍的观点，而它的效用，即使不会产生立竿见影的效果，至少也是真实存在的。相反，如果只满足于那些主要服务于作者特定目的的观点，就有对此事形成一个不仅不完整，而且不真实的概念的危险，它会把时代的无知和法律的无情当作此事发生的借口，将其视为一件几乎是命中注定、必然会发生的事件，它会从本可以受到有益教诲的地方得出有害的错误结论。医学方面的无知会带来一些不便，但不会造成不公正的局面，并且一套不健全的制度不会自行运转。当然，相信这种油膏传播瘟疫的效力，并不意味着一定相信古里埃默·皮亚扎（Guglielmo Piazza）和詹贾科莫·莫拉（Giangiacomo Mora）使用了它。就像刑讯逼供的合法性并不意味着所有被指控的人都要受刑，也不意味着所有受了刑的人都要被判罪。真相可能因为过于显而易见而像是废话，但是许多过于显而易见的真相本来应该被强调，却被遗忘了；而能否记住真相则会决定能否正确评价那场残酷的审判。我们试着让此事大白于天下，让世人看到那些法官们给无辜的人判了罪，他们对涂油的效力深信不疑；再加上法律允许他们进行拷问，他们本可以辨别出哪些人是无辜的。然而，为了揪出犯人，为了一再否认以各种形式反复出现且一如既往的清晰的事实，他们得不停地运用智谋，求助于种种权宜之计，他们不可能忽略掉这其中不公正的地方。我们当然不想在这桩可怕的事情里除去无知和酷刑的部分（这会是一个令人伤心的论点）：对于这件事来说，前者是一个可悲的情况；后者则是一种残忍而活跃的手段，尽管它肯定不是唯一的，甚至也不是主要的手段。但是我们相信把它们和真实有效的原因，即不公正行为区分开来十分重要；而这些不公正的行为，如果不是从邪恶的激情中诞生的话，又是从何而来的呢？

只有上帝才能辨别，在这些原因中，哪些更有力地统治了法官们的心灵、支配了他们的意志，而哪些的效力则没有那么强：如果对未知危险的愤怒急不可耐地想找到一个目标，它就会抓住被送到眼前的东西。它听到了一个符合期待的消息，就不想发现它不是真的。它已经说过：可算是找到了！就不想再说：我们得从头再来；一种长久的恐惧使愤怒变得无情，对试图逃出它掌心的可怜人睚眦必报，它害怕辜负群众的期望，这种期望根深蒂固，同时又显得荒诞不经；它害怕如果发现嫌疑犯是无辜的，会显得自己的能力不那么强；它害怕如果对群众的呼声置之不理，这呼声会转过来反对它自己。它也许还害怕可能随之而来的公共危机。这种恐惧不像它看上去的那么怯弱，但是也同样邪恶、同样可耻，尤其是当它接替了另一种真正高贵、真正明智的恐惧的位置时：那是对于犯下不公正罪行的恐惧。只有上帝才能看到那些法官在为一桩并不存在，却符合他们期待[4]的罪行找到犯案者时，是否会显得比那些并非被无知，而是被恶意和愤怒遮蔽了双眼的群众更像是同伙或者执行者。群众用他们的呼声践踏了神圣律法中最实用的戒律，但是谎言，滥用权力，违反最为人所熟知、最普遍的法律和规则，运用虚假的砝码和量器，这些都是可以从人类的行为中看出来的。而一旦被看出来，它们只能被归咎于意志的邪恶狂热，而要解释那场审判中真实发生过的不公平行为，也找不出比那种愤怒和恐惧更自然又不那么令人悲伤的原因。

然而不幸的是，在那个时代，这些原因并不怎么特别。不仅是医学方面的错误和刑讯逼供的手段酿成了这一局面，这件事中的激情也像其他的激情那样，促使那些绝不是职业恶棍的人在混乱的公共事件以及隐秘的私人关系中作恶。"如果我呈现在读者面前的恐怖，"前文提到的维里写道，"可以减少哪怕一种酷刑，那么我所经历过的痛苦也算得上物尽其用了，而获得这种结果的希望就是我的酬劳。"[5]我们建议有耐心的读者再次把目光聚集在这种我们已经了解过的恐怖上。我们相信，如果读者每次都能感受到的愤怒和厌恶也能主要转向这些激情的话，就不会不产生一个新的且不那么可耻的结果。这些激情无法像虚伪的制度那样被废除，也不能像恶政那样被取消，但了解它们造成的影响，学着去憎恶它们，则可以使其被削弱，变得不那么有害。

我们还要再补充一点，在最痛苦的情感中，也可能存在着安慰。如果我们认为在一连串人们自相残杀的暴力事件中能看到时代和环境的作用，我们就会在同情和恐惧的同时心灰意冷。我们似乎看到人的天性被和他意志无关的原因不可抗拒地推向了邪恶，就好像他被困在了一个残忍的、令人窒息的梦里，没有任何办法能把自己唤醒，甚至意识不到自己在做梦。我们对这类事件的始作俑者感到愤怒似乎是不理智的，然而同时这种愤怒似乎又显得高贵而神圣：恐惧还在，而错误已经不见了。对罪犯感到愤怒是再合理不过的。在寻找此人的时候，思想会和愤怒一起在两种渎神的行为间摇摆不定，它们是两种谵妄的形式：要么否定天命的存在，要么指责它是这一切不幸的源泉。但是如果对这类事件做一个更仔细的观察，我们就会发现一种不正义的行为，也许那些犯下这种行为的人也注意到了它，他们违反了他们自己定下的规则。他们的行为与一种不仅存在于那个时代而且他们本人也在相似的境况下展现过自己拥有的光辉相悖。令人欣慰的是，如果他们没有意识到自己在做什么，那么这是因为他们不想知道，是出于那种他们随性使用或丢开的愚昧。这并非一个借口，而是一种罪过，他们注定会成为此类事件的牺牲品，而非凶手。想到这个还是会感到欣慰的。

然而我的意思并不是说，在那场审判引发的各种恐惧中，上文提到的那位著名作家从来没有看到过法官们个人的、自愿为之的不公正。我想说的仅仅是他并没有打算观察这种不公正所包含的内容，更没有打算去论证它产生的主要原因，甚至说得更准确一些，它产生的唯一原因。我还要补充一点，如果他这么做，就一定会损害他的特定目的。刑讯逼供的支持者们（因为即使是最荒谬的制度，只要它没有完全灭亡，就会有支持者，甚至在它灭亡之后还会有，原因和令它得以存在的原因一样）可能会为它辩解。"你们看到了吗？"他们也许会说："错在对刑讯逼供的滥用，而不在它本身。"说真的，这可能只是对一件事的单一辩解。值得注意的是，除了在一切条件下都显得荒谬之外，它在特殊情境下可能会被激情所利用，做出极度荒谬也极度残忍的事情。但是顽固的念头意在于此。从另一方面来说，那些像维里一样希望废除刑讯逼供的人担心过于细致的分门别类会把这个问题搞得一团糟，因为如果怪罪于其他原因，就会削弱酷刑造成的恐怖。这样至少一切还在既定的轨道内发展：谁想要揭露一件有争议的真相，就会发现他的支持者和反对者都在阻止他将真相原原本本地呈现出来。当然，对他来说，还有一大部分人不属于任何一派，他们不怎么操心，没有激情，也根本不想了解这件事情。

说一下我们记录这段短暂的历史需要用到的材料。我们应该首先说明我们为发掘原始庭审记录所做的调查。虽然调查很顺利，甚至得到了最好心、最热情的帮助，但这只会让我们进一步确信，它们已经彻底遗失了。然而，其中一部分记录的副本流传了下来，这才有了这本书。在那些被指控的可怜人里，有一位十分重要的人物，遗憾的是，他的出现正是由于他们其中某一人的过错。这位大人物是堂乔万尼·贾埃塔诺·德·帕迪亚（don Giovanni Gaetano de Padilla），米兰城堡司令官的儿子，圣地亚哥（sant'Iago）[6]骑士，骑兵队队长，他可以把他的辩护词印刷出来，并附在庭审摘要上，作为出庭犯人，这份摘要被传达给了他。当时的法官们自然还没有意识到，他们让一个印刷工人建造了一座比他们交给建筑师的更权威、更持久的纪念碑。除了这份庭审摘要，还有另外一份手稿的副本，它在某些地方缺少细节，在另一些地方又显得烦琐。它属于皮埃特罗·维里公爵，承蒙他极其可敬的儿子加布里埃莱·维里公爵大人（conte Gabriele Verri）的慷慨和耐心，这份手稿被交由我们处置。在我们那位著名作家撰写上文提到过的小册子时，这份手稿也发挥了许多作用，它上面布满了批注，那是一些即时的思索或者痛苦的同情和神圣义愤的发泄。它就是《堂乔万尼·贾埃塔诺·德·帕迪亚的辩护词摘要》（*Summarium ofensivi contra Don Johannem Cajetanum de Padilla*）。这份手稿里有许多事情完整的来龙去脉，这是那份出版的庭审摘要里没有概括的，手稿的页边记录了原始庭审记录的页数，他们删去了这些页面里的几段文字。手稿的字里行间还散落着一些十分简短的拉丁文注释，所有的注释都使用了和正文相同的字体：对莫拉的拘禁；堂乔万尼辩解道；专员被反驳道；不真实的；建议；等等。它们显然是帕迪亚的律师为了辩护所做的笔记。从所有这些因素中可以很明显地看出，这是一份传达给辩护律师的真实庭审摘要的逐字逐句的抄本，而这位辩护律师在交付印刷时，忽略了一些不那么重要的事情，同时满足于提到另外一些事情。但是印刷本中为什么会有一些手稿里没有出现的事情呢？或许辩护律师又整理了一遍原始的庭审记录，并把它用作了可能会对他的委托人的案子有帮助的备选方案。

我们自然从这两份摘要里提取出了尽可能多的内容，由于第一份摘要——这是极其罕见的——在短时间内被重新印刷，如果读者愿意，可以将它与另一份对比，辨认出我们从原稿中引用的内容。

上文提到的辩护词也给我们提供了许多事实和一些观察材料。既然它再也没有被重新印刷过，且副本也寥寥无几，于是我们一有机会就会引用它。

最后，我们从几份珍稀、零散的原始文件中挖出了一点东西。在那个混乱且四分五裂的时代，这些文件被保存在《约婚夫妇》中不止一次提到过的档案馆里。

在简短回顾了这场审判的历史之后，我认为不妨再更简短地梳理一下在维里之前的大约一个半世纪里围绕这件事产生的意见。我说的是在书里表达出来的意见，另外，这在很大程度上也是后人唯一能了解到的意见，它们在任何情况下都有着特别重要的意义。在我们这本书中，有一件似乎很奇怪的事，即我们看到一连串的作家像但丁的小羊[7]似的一个接一个地出现，但他们从来没想过去了解一件他们认为必须谈论的事情。我没有说这件事很有趣，因为在见过那场残忍的冲突，见过错误对真相取得的可怖胜利，以及见过那种针对手无寸铁的无辜之人的强烈的愤怒之后，一个人只能对那些认可、赞扬这种错误的话语，对那种建立在如此轻率的信念之上的如此肯定的把握，对那些朝向受害者的咒骂，对那些混淆是非的愤怒感到遗憾，我几乎要说感到气愤，无论做出这些事情的人是谁。但是这种遗憾也带来了好处，它助长了对陈规的厌恶和怀疑，这种陈规从来没有彻底丧失威信，它在未经检验的状态下一再重复，这种思维定式放任自己给众人倒上它的酒，而有时众人早已对它倒出的酒上头。

为了这个目的，我首先想到的是向读者呈现一本针对此事的各种评论的汇编，人们几乎在任何一本书里都能发现与它相关的内容。但我担心这会十分考验读者的耐心。所以我只限于引用很少的几个作家，他们之中没有一个人是名不见经传的，大部分都声名卓著。也就是说，哪怕是他们犯的错误，当其不再具有传染性时，都更有教育意义。

第 1 章

1630 年 6 月 21 日清晨，将近四点半的时候，一个叫卡特琳娜·洛萨（Caterina Rosa）的女人正好站在一条连廊上的一扇窗前。当时，这条连廊被架设在维特拉市民街街口通往提契诺门的那一侧，几乎正对着圣洛伦佐柱。她看到一个身披黑袍，用帽子遮住眼睛的男人向这边走来，手里拿着一张纸，他把手放在纸上，她在证词中说，好像在写着什么东西。当这个男人走进路口时，他引起了她的注意，他往别人家的墙边上靠，然后马上拐过墙角，时不时把手往墙上蹭。那个时候，她补充道，我想到他有可能跟过去那些往墙上涂油膏的人是一伙的。在这种怀疑的驱使下，她走进另外一个能俯瞰这条街的房间，以便盯住这个陌生人，而他正沿着街道往前走。然后我看见，她说，他在用手摸我说过的那堵墙。

　　在同一条街上的另外一户人家的街道窗前还有一名目击者，她名叫奥塔维亚·波诺（Ottavia Bono）。无法确定她是和之前那个女人一样，自己想到了这种不着边际的猜疑，还是说当那个女人在这片区域散布风言风语时，她受了影响。她在接受质询时作证说，应该是在此人进入这条街的那一刻起，她就看见了他；但她没有提到他边走边摸墙。我当时看到，她说，他最后在克里维里（Crivelli）家花园的外墙那里停了下来[……]我还看到他手里拿了一张纸，他的右手放在纸上，我觉得他是想写点东西，然后我又看到他把手从纸上抬起来，用手去擦那堵墙，墙面黑乎乎的。也许他是想把自己被墨水弄脏的手指擦干净，因为他好像真的在写字。的确，在第二天对他的审讯里，当被问到那天早上做的事情是否需要动笔写字时，他回答道：是的，大人。至于往墙边靠这个举动，要是他真的做过差不多的事情，就需要一个解释。他的解释就是当时在下雨，卡特琳娜本人也提到了这个因素，但她是为了引出下面这种结论：这可不是件小事，昨天他干这些涂涂抹抹的勾当时正在下雨，而他就是想利用这种雨天，让更多的人在手忙脚乱找地方避雨的时候，把这些油膏蹭在自己衣服上。

此人在花园那边待了一会儿，便转身沿着同一条路往回走，他走到街道拐角，即将消失在视野里；这时又发生了另外一件很不凑巧的事，他恰好遇到了一个走进这条街的人，并向那人打了招呼。卡特琳娜为了尽可能跟着这个涂油者，回到了之前那扇窗边。她问那人刚才在和谁打招呼。而那个人，就像他之后作证时说的，只是看着对方眼熟，并不知道他的名字。他说据他所知，此人是一名卫生署专员。我那时对他说，卡特琳娜在她的证词中继续道，我看到那个人干了些事情，那些事我一点儿也不喜欢。然后它很快就传开了。也就是说，恰恰是她，或者至少主要是她，把这件事传播开来的。然后各家各户都有人出来，大家看见很多面墙上都涂着一种油乎乎的发黄的膏状物。尤其是那些从特拉达泰来的人，他们说自家门厅的墙上被这种油膏全涂满了。波诺的证词与此相同。当被问到是否知道此人为什么把手往墙上抹时，她回答道：不一会儿人们就发现墙上油乎乎的，那些特拉达泰人的门厅的墙上更是这样。

然而不幸的是，盲目的狂热就足以让这种写进小说里都会被指责为失真的事情发生。这两个女人谁也没有考虑到，当她们一步一步描述这个人的行走路线时（第一个人描述得尤其详细），根本说不清楚他有没有走进那个门厅。在她们看来，这些实在都是些不足挂齿的小事：这个人竟然愿意等到太阳升起再去做这种勾当，他走路时大摇大摆，甚至没有去看一眼窗户；他从从容容地沿着同一条街折返，就好像行凶者一贯会在犯罪现场不必要地长时间逗留一样；他能用手接触这个按理说可以把那些被它弄脏了衣服的人杀死的物质，自身却不受丝毫伤害；同样奇怪而不切实际的事还有很多。但最令人难以置信，也最骇人听闻的是，即使是那些负责审讯的人也觉得这些都不是什么大事，他们也没有去寻求任何一个解释。或者即便是寻求过了，不在审讯中提及它也只会令整件事变得更加糟糕。

这条街上的居民们惊恐万状地发现了数量难以估计的污秽物，虽然这些东西也许早已不知道在他们眼皮子底下存在多久了。他们不管不顾、匆匆忙忙地聚在一起，用点燃的稻草焚烧这些污物。住在街角的理发师詹贾科莫·莫拉和其他人一样怀疑自己家的外墙被涂了油膏。这个不幸的人并不知道，另一种危险正在向他逼近，这危险恰恰来自那名同样倒霉透顶的卫生署专员。

这两个女人的故事立刻被增添了许多新的情节，也可能她们随后讲给邻居们听的版本和她们之前对司法部长陈述的版本并不完全一致。那个倒霉鬼莫拉的儿子，在稍晚的时候被审问到是否知道或有意说明那名卫生署专员怎么往墙上和住户的门上涂油膏时，回答说：一个住在维特拉街的拱廊上的女人告诉我，你们说的这个卫生署专员手里拿着一只小罐子，用一支笔往墙上涂油，我不知道她叫什么。卡特琳娜宣称她看到的这根笔很有可能确确实实被这位陌生人拿在手里；而任何人都能轻易猜到另一个被她称作小罐子的东西究竟是什么；然而在一个除了涂油这件事什么都看不到的人眼里，一支笔和一只小罐子的联系比它和一只墨水瓶的联系要更直接、更紧密。

在各种乱七八糟的说法里，有一件事不幸被说中，那个被指控涂油的人确实是卫生署专员，人们顺着这条线索，很快发现他的名字叫古里埃默·皮亚扎，接生婆保拉（Paola）的女婿，她的名号在那一带非常响亮。这条新闻渐渐传到了其他居民区，又被几个恰巧路过这一混乱局面的人带到了更远的地方。闲言碎语传到了市长的耳朵里，他命令司法部长即刻去收集信息，再依据情况适时跟进。

司法部长对同行前往调查的录事说：参议院已经得到消息，昨天早晨维特拉市民街许多户人家的墙上和门上都被涂了致命的油膏。这些言之凿凿却又严重扭曲事实的话，从百姓口中一字不差地传到了法官那里，审判就此拉开序幕。

这种坚定不移的执念，这种对一桩莫须有的罪行的发疯般的恐惧，使人不得不回忆起几年前霍乱流行期间发生在欧洲各地的相似的事情。只是这次，除了少数例外，受过良好教育的人都没有为这种邪恶的观点煽风点火；相反，他们中的大部分都竭尽所能地反对它。如果不是为了免遭民众的怒火，本来没有任何一个法庭会把手伸向这种性质的被告。这当然是一个很大的进步；但是如果有办法可以保证再不会有人在一个与此类似的场景里想象出这一类罪行，也就是说再不会有人相信这种错误的危险可以在审讯对象那里而非审讯方式中被化解，这种进步本来还会更显著。可惜的是，人会欺骗自己，而且一点点出格的言行就会使人彻底地欺骗自己。怀疑会和愤怒同生于灾祸之中，这一局面非常可能——而且有些时候也的确如此——是由人性之恶引起的。当怀疑与愤怒不受理智和仁慈束缚时，它们会拥有一种邪恶的能力，那就是依着最虚无的指控和最轻率的认定，把全部过错推到不幸的人头上。举一个霍乱流行前夕的例子，距现在还没过去多久。诺曼底大区火灾频发之际，一个人会因为什么被指认为纵火犯呢？首先他需要在火灾现场，或者在那附近；他得是一个陌生人，而且还不能自圆其说，这在回答问题的人受到惊吓，而询问的人步步紧逼时会变得加倍显著。他得被指认，要么是被一个卡特琳娜·洛萨那样的人，那么是被一个男孩，这个男孩本身也因众人的恶意而遭受怀疑。当他在重压之下被迫说出是谁派他去放火时，他会随便说一个名字。如果陪审团能看到这些被告出现在自己面前，他们便会感到万事大吉（因为民众不止一次自主执行了裁决）；如果陪审团走进审判大厅时能十分确信他们对本案还一无所知，只有脑海里依然残存着的一些外界风言风语的回音，他们也会感到万分幸运。如果他们想到自己并非国家（就像人们常说的那样，"国家"是对那些看不到事物的固有真实本质之人的隐喻，在几宗组建了法庭却缺乏应对能力的案子里，这种隐喻显得尤为恶毒刻薄），而是唯一一群披着神圣的、必要的、权势滔天的外衣，能决定其他人是有罪还是无辜的人，他们更会感到自己幸运无比。

被指派给司法部长的人，为了能提供点什么消息，只好说他前一天经过维特拉街时看见那里的墙面都被火熏过，而且听说这些墙在那天早上被保拉的一个女婿涂上了油膏。司法部长和录事来到这条街，看见墙上确实有烟熏的痕迹，而有一面墙——

理发师莫拉家的那堵墙——却刚被刷白过。他们被几个待在那里的人告知,莫拉之所以这么做是因为看到墙上被涂了油膏。就像司法部长大人和鄙人所说的那样,录事写道,在被火烧过的地方有一些油腻腻的黄色物质的痕迹,看起来是用手指涂抹上去的。而这竟然就被认作了犯罪事实!

特拉达泰人家里的一个女人接受了问话,她说人们发现门厅的墙上被一种黄色的东西弄脏了,这东西还不少。前文提到的两个女人和另外几个人一起接受了盘问,就已掌握的情况来说,他们没能再给出什么新的信息。在这些人中,和卫生署专员打过招呼的那个人受到了更详细的盘问:经过维特拉市民街时,他是否看到墙面被涂污了。对此他回答道:我没有注意,因为那个时候还没有人说起这件事。

逮捕皮亚扎的命令已经传达下去了,这一命令很快便得到了执行。6月22日当天,根据[……]司法部长大人警卫队中的一名警员的供词,该警员当时正坐着马车回家。当马车经过卫生署署长、参议员蒙蒂阁下（Signor Senatore Monti Presidente della Sanità）的府邸时，他发现皮亚扎正站在门旁，便依照命令逮捕了他，把他关进了监狱。

这个可怜人安闲的态度丝毫没有减轻法官们先入为主的偏见，仅靠时代的愚昧是不足以解释这一点的。他们把被告出逃当作一项犯罪的铁证，但是对他们来说这并不意味着没有逃跑的举动，人没有逃走就可以给出反证！要说明人能看见他不会看不见的东西是很可笑的。他们只可能是不想为此事费心。

为了找到装油膏或者装钱的罐子，皮亚扎的家很快被翻了个底朝天。每一个衣柜、每一只抽屉、每一个小盒子、每一个角落、每一张床底下都被仔细搜查了一番，他们一无所获：什么也没找到（nihil penitus compertum fuit）。然而这对皮亚扎没有丝毫帮助，就像他当天在司法部长那里首次受审时的情况一样，审讯由一名很可能是卫生署派来的检察长协助。

他被问及自己的职业和日常生活习惯，被问及前一天走过的路线和当天穿的衣服,最后被问道:是否知道在这座城市里,尤其是在提契诺门附近,一些住户的墙上被涂了油膏。他回答说:我什么也不知道,因为我根本没有在提契诺门那里停留过。对此他们反驳道:你说的不是真话。他们想让他明白他应该对此事心知肚明。这个问题被重复了四次,而皮亚扎用不同的表述方式给出了四次相同的答复。问题又被重复了一遍,结果却没有什么不一样。我们稍后会看到,他们一再坚持这种不切实际的指控是出于某种残忍的恶意,在这种恶意的驱使下,他们开始抓捕其他人。

皮亚扎在谈及他前一天做过的事情时,提到自己曾与几名教区代表待在一起。(他们是一些出身高贵的人,由卫生署在各个教区内部选出,以在城中巡查卫生署指令的执行状况。)他被问道这几个人都是谁,他回答仅和他们有一面之缘,并不知道这几位的名字。关于这一点,他们也对他说:你说的不是真话。这句话十分可怕。为了理解它的重要性,我们需要对当时审判中的具体操作进行一些普遍的观察。遗憾的是,这些观察不是三言两语就能说完的。

第 2 章

众所周知,在这里和几乎整个欧洲,审判的具体操作主要参考的是作家们的权威性。原因十分简单,在大多数情况下,它没有别的可以参考。没有依照普遍目的制定的法典会导致两个必然的后果:解释法律的人使自己成了立法者,而他们也在某种程度上被接纳为了立法者;因为,当人经手的必要之事与他没有切身利益,或者他没有采用能令其发挥效用的手段时,一些人会想着去做事,而另一些人则倾向于从做这件事的人那里接受它。无章可循的劳作是这个世界上最繁重、最困难的事情。

比如说,米兰的成文法没有制定对人施以酷刑的规则以及运用此项权力的条件(这是一项被默许的权力,如今被视为与被审判权性质相同),只是提到除非一项指控被有声誉的人证实,该罪行造成了见血的痛苦,并且有一些相关证据[1],但也没有写明是哪些证据。而在成文法未涉及的领域,罗马法中也没有更详细的规定,哪怕它的字数更多。"法官们不得以刑讯逼供开始,而应首先利用似真的、可能的证据。如果这些高度真实的证据表明应运用酷刑查清真相，那么法官可在被告条件允许的情况下对其施刑。"[2] 因此这部法律清晰地制定了法官在证据的性质和效力方面的权威性，这种权威性后来渗透进了米兰的成文法。

查理五世（Carlo V）下令颁布的《新宪法》（Nuove Costituzioni）里甚至没有提到刑讯逼供，从那时起直到我们的审判发生的这个世纪，且直到很久之后，尽管数量庞大的法律文献将酷刑判定为刑罚的一种，但据我所知，没有一篇将其判定为获取证据的手段。

这一点也很容易理解：结果成了原因。这里的立法者和其他地方的立法者一样，基本上是为我们称作审判程序的部分找到了一个代理，它不仅可以削弱他的介入感，甚至可以使人忘记其必要性。法学作家们，尤其是从他们开始减少对罗马法做简单注释，并以一种更加独立的精神书写更多有关整体犯罪行径和一些要点的作品时，便从整体入手处理这类材料，同时不忘细致地钻研各个部分；他们诠释法律，并将其类推到其他案件的应用里，在特殊法律里提炼出普遍规定，用这些手段增加法律的条目。如果还不够，他们就会在意见一致的情况下用那些自认为最符合理性、公正和自然法则的规定自行补充；如果意见发生分歧，他们甚至会彼此摘抄引用。而在那门科学中，博学的法官们——他们中有些人甚至就是作家——几乎在每一桩案件和案情里都有很多要做出和跟进的决定。我得说，法律已经成了一门科学，甚至科学几乎是唯一和法律这个名字相适配的，也就是说，科学所诠释的罗马法，科学所诠释的那些没有被罗马法增长的权威性及其相关研究遮蔽的不同国家的古老法律，以及由它证实了的习惯法和它那已经成为习惯法的准则，几乎是唯一和法律这个名字相适配的。当局颁布的任何法律文件都会被冠以命令、法令、公告或者类似的名字，并带有一种临时起意的感觉。举例来说，米兰数任有权立法的总督所颁发的公告，仅仅在他们各自的任期内有效，而其继任者的第一条法令就是临时批准它们的有效性。人们称之为法令合集（gridario），每一部法令合集都是一类常年告示（Editto del Pretore），它是在不同的情况中一点点地被拼凑起来的。科学则以所有这一切为基础持续运作，在此过程中不断变化，但是这种变化往往难以察觉，它总是预备着把那些以它的学徒身份开始的人变成精于此道的大师。我得说，它差不多一直在修订，几乎可以算作《十二铜表法》[3]的延续，而这部法典被托付给了一个永恒的十人委员会[4]。

这种法律上如此普遍、持久的个人权威曾经——如果我没有搞错的话至今依然——被视作一个主要在犯罪领域，尤其是在庭审时不合常规且有损于人道主义的事情，人们已经意识到了可以通过制定更完整、更精确、更有条理的新法律来废除它，而且这样做也十分有利。这一切是自然而然产生的。再说，这不是一件新鲜事。在我看来，这是一个非常古老的事实的广阔延伸，如果换一个衡量标准，它甚至是亘古不变的。因为，无论法律可以被细化到什么程度，它都可能永远也离不开诠释者，法官们也永远会或多或少地参考他们之中最有名望的一批人的意见，因为这批人已经为了普遍目的，在他们之前严肃地研究过它了。我不确定更冷静、更精确的研究是否是一件相对而言的好事，因为接下来发生的事情要糟糕得多。

的确，那些会考虑到可能发生的情况中的普遍性，同时在对成文法的诠释中，或在更加具有普适性、更高尚的原则里寻找准则的人，在不同的情况下，在很容易被激情掌控的实践中，他们给出的建议很难比行事专断之人的更加不公道、更加轻率、更加粗暴。卷宗和作者的数量，二者的多样性，以及对他们所制定的规则的逐步拆分，也许证明了他们试图限制意志的专断，并尽可能运用理性公平公正地判断它。因为在具体情况下，引导一个人去滥用权力并不怎么费事。如果想让一匹马随性奔驰，人是不会费心去制作和裁切马具的，只要放开它的缰绳就够了，如果它有缰绳的话。

但是这在人类的改革活动中常常发生，而且是逐步进行的（我说的是一些真正的、有益的改革，而不是所有打着改革旗号的事情）：对于首批着手进行此事的人来说，需要调整的地方非常多，各个部分都需要修正、削减或增添。而那些后来的人——有时候在很久很久之后——经过分析，发现它依然十分糟糕，他们很容易就把这归结为一个最可能的原因，把那些为此事冠名的人当作它的创造者痛骂一顿，因为是他们创造了它，所以它才能延续下去，占据统治地位。

这样看来，《论酷刑》的作者和与他同时代的杰出人士们一起犯了一个错误，这个错误几乎是令人羡慕的，因为它与伟大而有益的事业密切相关。他在展示那被仇恨驱动的行为中表现出的荒谬、不义和残忍时的态度有多强硬、分析有多深刻，他在把这种行为中最可憎的部分归于法学作家的权威性时就有多仓促。当然，我们并不是因为忘记了我们的劣势，才有勇气像我们要做的那样，毫无顾忌地去反驳一个如此声名卓著之人在一本如此高尚的书里表达的意见。恰恰相反，我们自信拥有一定的后来者优势，可以很容易地（把他认为次要的点当成主要内容）用更冷静、更全面的目光审视这种行为带来的影响，再加上时代的差异，我们可以把它当作一件死去的、已经成为历史的事情。他与之抗争的方式，就好像它依然占据统治地位，就好像它是一场势在必行的新改革的现存障碍一样。无论如何，那个事实都与他以及我们的主题密切相关。我们都自然而然地被引导着去对这一问题发表些一般性的看法：维里作为在那个不公正审判发生的时代被普遍认可的权威，将这种行为定义成审判的同伙和它的主要原因；而我们在观察这种行为在特定情境下的指示或教导时，也许该把维里当作一个辅助性的却非常重要的批评家，以便更加生动地展示在这种审判中个人做出的不公正行为。

"当然了，"这位才华横溢却忧心忡忡的作家写道，"我们的法律里什么也没写，没有规定可以对哪些人进行刑讯逼供，没有规定可以施刑的条件，没有规定施刑的方法是用火还是使关节脱臼撕裂，没有规定施刑应持续的时间，也没有规定可以重复的次数。所有的折磨都取决于法官的权力，而他用作参考的仅仅是上述刑法专家们的学说。"[5]

但是我们现行的法律对刑讯逼供做出了规定，在欧洲大部分地方的法律[6]里，并且在长久以来被冠以公共法之名并具备此权力的罗马法中也有着相关规定。因此，问题应该是较之于几乎彻底置法律于不顾的独断专行，诠释法律的刑法专家们（我们用这个称呼把他们和那些有永远取缔这项法律的功绩和运气的人区别开）是否会增强或削弱刑讯逼供的残忍程度。而维里本人在同一本书中引用了，或者至少指出了对他们有利的强有力的证据。"法利纳齐[7]本人，"他写道，"在谈及他的时代时，断言那些法官们为了享受折磨犯人的乐趣，发明了很多种新的酷刑，他原话是这么说的：Judices qui propter delectationem, quam habent torquendi reos, inveniunt novas tormentorum species。"[8]

我刚才说"对他们有利"，因为这些禁止法官发明新酷刑的要求招致了他们普遍的指责和抱怨，这两种情绪恰恰证实了任性的意志无法无天且具有富于创造力的残忍性。以上种种和希望压制并揭露此种意志的意图，法利纳齐所记录的远不如其他刑法专家们多。上文摘抄的那些话是法利纳齐从一位更年长的作家那里引用的，此人名叫弗朗西斯科·达·布鲁诺[9]；他又从另外一位时代更久远的作家，安杰罗·达莱佐[10]那里引用了他那语气严肃并且语气更强硬的话，我们现在在翻译如下："他们是一群固执且邪恶的法官，总有一天，上帝会使其身败名裂，他们是一群愚昧的法官，因为有智慧的人会对这些东西唯恐避之不及，还会用美德的光芒来创造科学。"[11]

在这一切之前，13世纪，圭多·达·苏萨拉[12]在谈及刑讯逼供时，就引用了查士丁尼（Costanzo）就犯人羁押问题颁布的诏书中与此有关的话。[13] 他写道，他的目的是"采取一些方法限制法官们不知分寸的残暴行径"[14]。

一个世纪之后，巴尔多[15]用这封著名的查士丁尼诏书谴责了一名杀死家仆的主人，"对那些令犯人饱受皮肉之苦以使其认罪的法官来说"，如果该犯人在受刑时死去，法官应以谋杀罪被斩首。[16]

更晚一些的时候，帕里德·达·波佐[17]抨击那些法官们："嗜血的渴望使他们热衷于屠杀，此举并非为了补救过失或者树立榜样，而是为了自身的功绩（propter gloriam eorum），因此，他们应该被视为杀人犯。"[18]

"法官们得谨慎使用那些繁杂和罕见的酷刑，因为做这种事的人更应该被称为屠夫,而非法官。"[19] 朱利奥·克拉罗[20]写道。

"有必要大声疾呼（clamandum est），反对那些酷烈、残忍的法官，他们为了一个虚名，为了用这种手段升官加爵，不惜在可怜的犯人身上施加种种新的酷刑。"[21]安东尼奥·戈麦兹[22]写道。

消遣和荣誉！什么人才会拥有这种激情！以折磨他人为乐，以奴役犯人为荣！但是至少揭露这些行为的人不可能是为了支持它们才这么做的。

在这些证词（和其他那些我们不再次引用的相似证词）的基础上，我们再补充一条，在这一类题材的书里，我们从来没见过针对法官用刑过轻的抱怨。如果我们没有翻开的书里记载了这类事情，那倒真是一桩奇事。

我们提到了几个名字，这些人的作品我们在之后还会引用。他们被维里编入了一份作家名单，如果这些作家"曾用通俗的语言来解释他们残忍的学说，有条不紊地描述他们以精致文雅的方式造成的剧烈痛苦，而其风格粗暴野蛮却又不会让那些有教养的文明人对其敬而远之的话，那么他们不可能不被视作刽子手一般的人，也就是说，凝视他们的眼睛里带着恐惧和耻辱"[23]。当然，对于他们揭露的事情来说，再强烈的恐惧也显得不够，这对他们承认的事情而言再正常不过。但是如果说对他们已经投入过的和想要投入的事情，恐惧也是一种合理的感情，而耻辱是一种合理的报酬，我们所看到的一点点东西就足以对此提出质疑了。

在他们的书中，或者更确切地说在某些书中，相较于法律，针对各类酷刑的描述确实占据了更多的篇幅，不过这些酷刑是实际操作中固有的、一贯的做法，而非作家们的发明创造。15 世纪的作家和法官伊波利托·马尔西里曾根据自己的经验编写过一份残忍、怪异、令人作呕的酷刑清单，然而他却把那些发明新酷刑的法官称为畜生。[24]

的确，这些作家们探讨了酷刑可以被重复的次数；但（我们将有机会看到）这是为了用罗马法中模棱两可的指示来限制意志的专断，并给它施加种种条件。

的确，这些作家探讨了每次施刑可以持续的时间，但这也只是为了给那脱离法律约束、不眠不休的残暴行径规定一个范围。法利纳齐写道："有些既无知又邪恶的法官常常将一个人折磨三四个小时。"[25] 马尔西里大约在一个世纪前写道："有些罪大恶极且极度卑鄙的法官，一些没有学识、没有德性也全无理智的人渣,当一个人可能出于误会(forte indebite)被控诉,落入他们的掌心时,他们只有在拷问他时才会和他说话,而如果他说不出他们想听的内容,他们就把他吊在绳子上,吊上整整一天,或者整个晚上。"[26]

在这些段落和前文所引用的一些段落里,我们可以注意到作家们是怎样把残忍和无知联系起来的。他们出于相反的目的,以科学及理性之名要求节制、仁慈和善良。这些令人义愤填膺的文字被用在了此类事情上,但是所有这些会让我们看到,作家的目的究竟是安抚那头野兽,还是刺激它。

至于那些也许遭受过酷刑的人,我没有在我们的法律中发现任何与此有关的内容,然而在罗马法中却有许多与这可悲的事情相关的记载,而罗马法恰恰是构成我们法律的一部分。

"人是无知且残忍的,"维里继续写道,"他们没有研究处罚罪行的法律是在哪里颁布的,实行处罚的目的何在,衡量罪行的标准是什么,罪行和处罚之间的比例,一个人能否被迫放弃为自己辩护,以及类似的准则中存在的问题。从广为人知的准则中，他们只能推断出最符合情理以及社会利益的必然结果。我得说，这些人心怀叵测，他们带着极其可悲的雅兴将折磨他人的科学系统化，并一本正经地将其出版，然后又用同一种冷静的态度描写怎样治疗身体遭受的损伤：这就是人人需服从的立法者。他们把刑讯逼供当作严肃而冷静的研究对象，他们从法律丛书中网罗了一批无情的作家，让他们教导如何以不间断的痛苦肢解活人的身体，并且还不紧不慢地精炼这门技艺，施加更多的酷刑，造成更令人绝望、更剧烈的痛苦，甚至让受刑人活活死去。"

但是阴暗而无知的人为何会拥有如此多的权力？我说阴暗是形容他们的时代，而无知则形容他们本身。这个问题必然是相对的，先不说那些作家是否像人们所希望的立法者一样开明，而说那些首先实行这些法律的人能开明到何种程度，是否亲自参与了大部分法律的制定。而一个钻研理论并在公开场合探讨它的人，究竟为什么会比一个私底下对他的反抗者任意妄为的人更残忍呢？

至于维里提到的问题，如果谨慎的刑法编纂者依然不得不回答"惩罚罪行的权力从何而来"这个首要问题，那么这真算得上十分不幸。因为我们完全可以相信它已经在维里的时代被解决了，但是现在（幸运的是，在怀疑中行动总比在错误中休息要好）它却比以往任何时候都更具有争议性。而其他问题，我指的是那些大体上有着更直接、更实际的重要性的问题，它们是否已经得到了解决，解决的过程又是否尽职尽责呢？当这些作家出现的时候，它们是否至少得到了讨论或研究？也许他们前来就是为了打破依照更加公平人道的原则建立起来的秩序，推翻更加明智的学说，扰乱更加合乎情理的法学吗？对此我们可以直接给出否定回答，对这个论题来说这样就够了。但是我们还是想让一个了解他们的人核实一下，这些人是否不得不引用普遍原则，收集整理分散在罗马法里的内容，又在法律的总概念里寻寻觅觅，以求给自己的决定找一个解释，因为他们毕竟不是立法者，而只是单个的人；他们是否用已经废弃的和新的材料编纂出了一整套独一无二的刑法典，并且在此过程中构建了相关概念，指出了建立一整套独一无二的刑事法的可能性及其部分秩序？他们是否在构想一种普遍模式的同时为其他作家开辟了一条构想普遍改革的道路呢（而后者曾经十分草率地批评过他们）？

最后，说到这些作家因为改进酷刑而受到的非常笼统且赤裸裸的指控，我们反而已经看到酷刑是一件他们大多数人都明显厌恶的东西，而且他们也在极力禁止酷刑。许多我们曾提及的段落都可以为他们洗脱一部分"以过分冷静的态度对待此事"的恶名。请允许我引用另一段话，它几乎展现了预期之中的批评。"我没办法不发火（non possum nisi vehementer excandescere），"法利纳齐写道，"那些法官们会把犯人捆很久，然后再给他们用刑，他们还会为此做准备，以使拷打更加残忍。"[27]

从这些证词以及我们了解到的最后一批施刑情况中，我们可以非常肯定地推断出刑法诠释专家们大大降低了酷刑原本的野蛮程度。当然，把这种恶行的削弱归于单一原因是荒谬的；但是在许多原因中，我认为不考虑那些在实际庭审中具有权威性的人在一个接一个的世纪里不断重复更新的公开责备和训诫，也是不那么合理的。

维里之后引用了他们的一些主张，但是即使这些主张被全部引用，也不足以让我们做出一个总体的历史判断。比如说，其中一条十分重要的建议就与我们的愿望背道而驰："克拉罗主张，只要有几条对一个人不利的证据，就可以对他进行拷问。"[28]

如果克拉罗是这么说的，那么它只能被视为特例，而非论点；因为这种学说与其他许多法学博士的学说截然相反。我没说所有法学博士，为的是不给那些我不知道的情况下结论，虽然这么说的时候，我并不担心言过其实。但实际上克拉罗本人也说过相反的话，而维里的错误可能是因为受了一个排版工人的影响，他是这样印刷的：Nam sufficit adesse aliqua indicia contra reum ad hoc ut torqueri possit，[29] 而非我在之前的两个版本[30]里读到的 Non sufficit[31]。甚至不需要对比就能确定这是一个错误，因为下文这样写道："如果这些证据也没有经过合法手段验实。"如果这句话的意思正确无误，那么它就和前文相抵触。克拉罗紧接着写道："我说过仅仅有证据是不够的（dixi quoque non sufficere），哪怕它们已经由合法的手段验证过，也不足以成为施刑的理由。对上帝怀有敬畏之心的法官们必须时时留意此事，以免使某人含冤受刑。此外，这也促使他们自己不断修正法律。阿弗里多[32]在回答国王费德里戈[33]时说，即使他有国王的权威，也不能在证据不足的情况下命令法官去拷问一个人。"

克拉罗就是这样说的。这一点就足以确认，他的本意肯定和维里翻译的这句话中对意志专断性的维护截然不同："在刑讯和证据的问题上，由于无法制定具体规范，一切全部取决于法官的意志。"[34]这种矛盾十分不合常理，而且如果可能的话，同一位作者下面的这番话还会让它显得更奇怪："尽管法官有行使其意志的权力，但他还是不能超出普通法的范围［……］司法官员们应该留心不要借着随心所欲的权力过于轻率地行事（ne nimis animose procedant）。"[35]

那么，"remittitur arbitrio judicis"这句话又是什么意思呢？维里把它翻译成"所有一切全部取决于法官的意志"。

它的意思是……可我在说什么？为什么要死揪着克拉罗这条意见不放呢？他只不过是把这句话重复了一遍，而它可以说已经是法律诠释者间的一句格言了。两个世纪以前，巴尔多鲁[36]也说过这句话，他把它当作一条普遍意见：Doctores communiter dicunt quod in hoc（实行拷问的充分证据是什么），non potest dari certa doctrina, sed relinquitur arbitrio judicis（没有明确的规则，所有一切全部取决于法官的意志）[37]。他们说这句话并不是要提出一种主张或者制定一种理论，而仅仅是阐明事实，也就是说，在法律没有验证这些证据之真实性的情况下，它会把它们交由法官裁决。比巴尔多鲁早大约一个世纪的圭多·达·苏萨拉也说过证据的真实性全部依赖于法官的意志这样的话，他随后补充道："就像一般情况下没有经法律验证过的事情一样。"[38]再引用一个不那么久远的例子，帕里德·达·波佐在复述这句话时评论道："法律和习惯法都没有验证过的事情，应该由法官的严谨性来填补，因此就证据的真实性而言，法律极大程度上依赖于法官的意志。"[39]而16世纪的刑法学家兼米兰参议员博斯[40]则指出："意志仅仅意味着（in hoc consistit）法律没有给法官制定一个具体的规则，而只规定了审讯不得以拷问开始，而应从真实的、可能的问题入手。这就是说，应由法官来检查证据的真实性和可能性。"[41]

他们把这个东西称作意志，是为了避开那个模棱两可、发音也很悲哀的词，它在当时被称作自行处理权（poter discrezionale），二者其实是一回事：它非常危险，但是在运用法律时却不可避免，无论这法律是好是坏。明智的立法者不会试图去消除它，因为这只能是一种妄想，而是会把它限制在某些特定的、不那么重要的情况中，再尽可能地约束它。

我敢说，这显然也是法律诠释者们针对酷刑的本来的意图和他们逐步推进的工作，法律在施刑方面留给法官的权力大得吓人。巴尔多鲁在我们前文引述的一番话后补充说："我会尽我所能制定规则。"其他人已经在他之前制定了一些，而他的继任者又接连不断地补充了许多，有些人提出了自己的规则，另一些人则重复并支持其他人的建议，但他们没有忘记重复表达法律事务的行话，对它来说，他们只是诠释者。

但是随着时间的流逝和相关工作的推进，他们也想在用语上作出改进。我们从法利纳齐那里得到了证明，他晚于我们上文提到过的那些人，但是早于我们的审判发生的时间，并且是当时公认的权威。他复述了"不可认为法官的意志是自由且绝对的，而应将其与法律和公正相关联"这一原则，并用他极高的权威对此予以肯定。他和其他权威一起，总结出并肯定了以下结论："法官应倾向于使用最温和的措施，并参照法律和法学博士们肯定的学说规范自己的意志，不得按自己的心意构建证据。"他以前所未有的精确性和条理性论述了这些证据，在这一切之后，他总结道："由此可见，这些法学博士们最大的共同点就是，进行拷问的证据取决于法官们的意志，这一点受到了全体法学博士们的严格限制。"[42] 他引用了弗朗西斯科斯·卡索尼[43]的一句话："法官们普遍错误地认为，施刑是可任意为之的，就好像自然创造出犯人的身体，就是为了供他们随心所欲折磨的一样。"[44]

在这里我们可以看到科学史上的一个重要时刻，它以限制自己工作的方式来取得这项工作的成果，它宣称自己并不是一个公开的改革者（它从来没有这么认为，也不会被这样承认），而是法律的有效援助者，它将自己的权威奉献给更高级的、永恒的法律，命令法官们遵守它发现的规则，以免无辜之人受苦，也使他们免于卑鄙的罪恶。这是对一件本质上不可能得到良好形式的事情做出的悲哀的修正，但是这和维里文章中的论点恰恰相反："酷刑的恐怖不仅仅存在于一个人遭受的剧痛中[……]法学博士们也把它散布到了执行它的环境中。"[45]

最后，请允许我们就他引用的另一段话提出几点看法，因为把他引用的内容全部研究一遍未免显得太多，而且也肯定不足以回答这个问题。"仅仅一种恐怖就足以震慑众人；这一点是著名的米兰人克拉罗提到的，他是这类实践的大师级权威：法官可以让一个因有犯罪嫌疑而被关押的女子秘密地来到他的房间，他在那里爱抚她，假装爱她，用自由的承诺引诱她认罪；某个摄政王用这种手段诱使一名少女承认自己犯了谋杀罪，并让她被砍了头。这样一来，便不再会有人怀疑这种与宗教、美德以及一切神圣律法背道而驰的恐怖被夸大了，克拉罗是这样说的：'帕里德说法官可以这么做（Paris dicit quod judex potest），等等。'"[46]

这种恐怖千真万确，但是要想知道它在这类问题上有什么重要性，我们得注意，帕里德·达·波佐[47]在宣布他的观点时，还没有把它算作他的发现。他讲述了一件某位法官做过的事情，而它又是那上千件意志在未采纳法学博士建议的情况下所做出的事情之一。不幸的是，他对此表示赞同。应当指出，巴以阿尔迪[48]在他对克拉罗著作（不是克拉罗本人）的补充中提及了这一观点，以表明他本人对此事的厌恶，也为了衡量这"恶魔般的假设"[49]所导致的事情。值得指出的是，从帕里德的时代到波佐的时代再到他的时代，也就是说在一个世纪的跨度内，他没有引用其他支持这一观点的作家。而在之后的时代里，如果有过哪怕一个这样的作家，那倒真是一件更奇怪的事情。再说到帕里德（愿上帝允许我们提及这个名号），他和贾诺内[50]一起被波佐称为"卓越的法学家"（eccellente giureconsulto）[51]。不过我们之前引用过的他另外的那些话应该足以表明这些极其残忍的言论甚至无法给出只与这一点有关的学说的正确想法。

当然，我们没有不合情理地奢望我们已经展示出了法律诠释者们的全部学说从来没有被用于，或被曲解以服务于邪恶的事情。这个问题十分有趣，因为它关系到评判几个世纪以来的这种智力工作的效果和意图，它如此重要，甚至对于人类来说不可或缺；这也是我们这个时代的问题。因为，正如我们已经说过，而且每个人也都知道的那样，人类努力推翻一种制度的时刻并不是最适于公正地创造其历史的时刻。但这个问题需要解决，历史也不能被彼此毫不相干的寥寥几笔一带而过。不过，如果我没有搞错的话，这些零星的笔墨就足以展示那个仓促间形成的、与法律诠释者们本意完全相反的结果。在某种程度上，这些笔墨对我们的故事来说是必要的准备。因为在这个故事中，我们会常常惋惜那些人的权威性并未真正发挥作用，而且我们十分肯定读者也会和我们一起叹息：他们如果能听从这些建议就好了！

第 3 章

我们终于说到了法律的应用部分。法学博士们共同的、几乎普遍的指示是,被告在回答法官时撒的谎是对其施刑的合法证据之一。这就是为什么负责审查可怜的皮亚扎的法官反驳他说,他不可能没有听说过提契诺门内被涂污的墙,也不可能不知道和他有牵连的那几位教区代表的名字。

但是依照他们的指示,随便一个谎言就够了吗?

若想实施酷刑,该谎言应与罪行的性质和基本案情有关,也就是说它们应为此桩罪行的一部分,并可从中推出罪行的情节,若非如此(alias secus),则不可施刑。

如果犯人在坦白时撒的谎不会增加罪行的严重性,那么该谎言不得成为施刑的证据。

那么,根据这些博士的指示,只要法官认为被告人供述的罪行有假,就可以给他施刑了吗?

"该谎言若从罪犯本人的供词或从两名证人那

里得到可信的证实，便可凭此施刑［……］一般的理论是，若要求证一个模糊的证据，即它是否为谎言，就得需要两名证人。"[1] 我在此引用法利纳齐的话，我还会常常引用他，因为他是当时最具权威的人之一，也为收集当时最广为接纳的观点作出了伟大的贡献。然而，有些法官仅满足于单个的证人，为的是让他的证词盖过一切疑点。可是要证实谎言应该用合乎法律的方式，而非凭法官简单的推测，这是普遍且不容辩驳的准则。

这些要求是从那条罗马法的原则里演绎出来的，该原则禁止审讯从严刑逼供开始。（当其他事情都被允许的时候，他们究竟禁止了什么呢？）"如果我们，"法利纳齐写道，"把在没有合法且充足的证据时给犯人施刑的权力交给法官，就等于给了他们以刑讯逼供开始审讯的权力［……］而若要合法，线索必须是真实、有可能性的；既不轻微，也不能空有一个形式，而是严肃的、紧急的、确凿的、清晰的，甚至就像人们常说的那样，比正午的太阳还要明亮［……］这些都牵涉到是否给一个人用刑，而酷刑则可以决定一个人的生死（agitur de hominis salute）；因此如果法学和法学博士们要求如此详尽的证据，又反反复复极力强调此事，严格的法官啊，请你不要惊奇。"[2]

我们当然不会说这些都是合理的，因为自相矛盾的事情不可能合理。这种为把确定性和疑点结合起来，并规避无辜者因受酷刑而做出虚假供词的风险所作出的努力都是无用的，然而与此同时，又恰恰得靠酷刑来查明一个人是无辜还是有罪，得靠酷刑让他坦白具体的事情。符合逻辑的结论应该是声明酷刑的荒谬性以及不公正性。但对古代和罗马法的盲目崇尚使其受到了阻碍。那本名叫《论犯罪与刑罚》（*Dei delitti e delle pene*）[3]的小册子不仅推动了酷刑的废除，而且促进了刑法的全面改革，它的开头是这样的："一个古代征服者民族的几条法律遗存。"这句出自一名伟大天才之口的话显得十分大胆：在上个世纪它可能会显得离经叛道。但是没有什么值得惊讶的地方：类似的表达敬意的话难道不是在政治学领域存在得更久，影响也更强烈，稍后又出现在了文学甚至美术的几个分支里吗？在伟大的事物中，如同在渺小的事物中一样，会有那么一个时刻，某件偶然做出的事情需要变得自然、必要并永远延续下去。这样一来，它不得不根据事物本身的性质和重要程度，向种种次一级的事情作出让步，如经验、推理、满足、风尚，等等。但是这个时刻是必须被准备的。而如果是法律的诠释者们来准备这样一个时刻，那么尽管十分缓慢，尽管他们自己并没有意识到，但于他们而言，这已经是一件不小的功绩了。

但是他们已经制定的规则在本案中足以证明法官们犯了滥用职权罪。这些法官恰恰是想从酷刑开始。他们没有触及一丁点儿与此桩假定罪行有关的案情，无论是实质性的还是偶然性的案情。在这种情况下，法官们提出了更多得不出结论的问题，以便制造借口来对特定的受害人说：你说的不是真话。然后根据他们这种一口咬定的假话，再加上经合法手段验证的谎言所具有的效力，来下令施刑。他们不是在寻求一个真相，而是想要一份供词。他们不知道在审查这个所谓的罪行时，自己本来有多大的优势，所以想立刻制造痛苦，这会使他们拥有一项现成而确定的优势：他们怒不可遏。全米兰都知道

（这是在类似案件中使用的词）古里埃默·皮亚扎在维特拉路的墙壁、出口和门厅上涂了油；法官已经把他攥在手心里了，但他们是不可能让他很快招供的！

也许有人会说，在法学面前——如果不是在良知面前的话——一切都会受到那条可憎指示的权衡，可是这样一来，面对最残忍的罪行时超越法律权限这一行为的合法性就可以得到承认吗？我们忘记了法学家们最普遍的，甚至几乎人人都同意的看法，那就是（如果上苍开恩，理应如此）这样一条准则不能被应用到诉讼程序当中，而只可用于刑罚；"因为，"一个法学家说道，"虽然某人与一桩重大罪行有干系，但这并不意味着他犯下了这桩罪行。获知真相前，人们有义务维护法律的庄严。"[4] 为了让读者记住这段始终彰显着永恒真理的文字，我们还要引用一个人在 15 世纪初写下的话，他在后来很长一段时间里被称作"教会法的巴尔多鲁"（il Bartolo del diritto ecclesiastico）。这个人就是巴勒莫的大主教尼可洛·戴德斯奇（Nicolò Tedeschi），在他声名卓著的时候，他以"巴勒莫修道院院长"（Abate Palermitano）这个名字为人所熟知。"罪行越严重，"此人说，"假设的力度就应该越大；因为在越危险的地方，就越应该谨慎。"[5]但这（依然仅就法学方面而言）并不适用于我们的案子，因为克拉罗已经证实米兰的法庭中占优势的是与之背道而驰的习惯法。也就是说，在那一类案件里，法官凌驾于法律之上是被允许的，甚至在审讯中也是如此。[6] "这条准则，"另一位著名的法学家里米纳尔迪[7]说，"在其他国家并没有得到承认"；法利纳齐补充道："他说得对。"[8]但是让我们来看看克拉罗本人是怎么解释这样一条准则的："他们给人用刑，尽管证据不足（in totum sufficientia），尽管这些证据没有经过可靠证人的证实，而且他们常常不给犯人提供审判程序的抄本。"在谈到可以授权施刑的合法证据时，他明确宣布这些证据"不仅对于轻微的罪行，也对于重罪和那些极其残忍的罪行，甚至对于叛国罪"[9]都是必不可少的。因此他满足于不以严格的方式检验证据，但希望它们以某种方式得到检验；证人的权威性不要太高，但应该有证人；证据的分量不要太重，但必须与事实相关而且真实。总而言之，他希望简化法官定罪的过程，不给他们凭借任何理由折磨落入他们手中之人的权力。这些都是抽象理论不会承认、不会发明，甚至不会梦到的事情，然而激情却把它实现了。

于是卑鄙的审查官命令皮亚扎：说出真相，为什么否认对城中墙面被涂污一事知情，又为什么否认知道那些代表的名字，否则，凭他说的这些假话，要给他上吊刑[10]来撬出这些谎言背后的真相。这个不幸的人回答道，如果您几位想把绳子也系在我脖子上，就这么做吧；因为我对您几位审问我的事情一无所知。他带着一股绝境中才有的勇气，有时理智会借着这股勇气挑战强权，仿佛是要让它感觉到，无论它到达何种程度，也永远无法变得合理。

看看这几位为了使他们的借口更加真实，会采用何等可耻的诡计。正如我们说过的那样，他们去寻找第二个谎言，以便在谈起它们时能成双成对；他们要找到另外一个零来充盈他们还写不进去任何一个数字的账户。

他被带上了刑架；被命令必须下定决心说出真相；他在尖叫、呻吟、呼号和哀求的间隙回答道：大人，我已经说了。他们没有让步。啊，看在上帝的份儿上！这个不幸的人喊起来：大人啊，求您放我下来，我全招，我什么都说，求您给我点水。他被放下来按在椅子上，重新被审问了一遍。他回答道：我什么也不知道。大人，求求您给我一点水。

愤怒是多么盲目啊！这些法官没有想到，他们希望从他嘴里强行挖出来的话，如果像他们言之凿凿且一再重复的那样是真实无误的，他本可以把这些话用作证明他清白的一个强有力的证据。"是的，大人，"他本可以回答，"我听说维特拉街的墙面被涂污了；而那时我正在您门前晃悠，卫生署署长大人！"这个证据本来还会更有力，因为它已经和有关这件事的流言蜚语一起传开了，在这流言中，皮亚扎即是始作俑者，有了这条消息，他本应获悉自己面临的危险。这如此明显的事情却被怒火挡在了审讯者的头脑外面，而那不幸的人也没能想起来，因为没有人告诉他，他为何被指控。他们想先用酷刑使他屈服，在他们看来，酷刑才是似真的、可能的、法律所要求的证据。他们想让他感受到，如果他回答一个"不"字，会产生怎样直接、可怕的后果。他们想让他承认一次自己说了谎，以便能在他说出"我是无辜的"这句话时，拥有不相信他的权力。但他们没有达到这种邪恶的目的。皮亚扎再一次被施以酷刑，他们把他从地上吊起来，威胁他还要把他吊得更高，以逼迫他说出真相。他的回答一直是：我已经全招了。他刚开始的时候还在惨叫，后来声音就低了下去，直到法官们看到他无论如何再也回答不出任何问题，才把他放下来，带回了监狱。

这次审判于 23 日被呈交给参议院，报告由兼任参议员的卫生署署长和在参议院中有一个席位的司法部长共同完成。参议院下令："皮亚扎，在剃光头发、穿上囚服并且清肠后，应被重新施以用粗麻绳捆缚的重刑。"这项增加的酷刑残忍至极，受刑人不仅双臂，连双手也会脱臼；"施刑以上述两位官员的意愿为准，审判过程中发现的谎言和不真实的地方也可构成施刑的条件"。

仅仅参议院就有权力（我不会说这是权威）在这条路上走得如此之远而不受责罚。罗马法在重复施刑[11]这一问题上有两种解释,其中可能性较小的更加人道。许多法学博士(也许在奥多夫雷多[12]之后,他是唯一一个被奇诺·迪·皮斯托亚[13]引用过的人,也是其他人引用的人里年代最久远的一个)认为只有在新的且比之前更明显的证据出现时,才能重复施刑,还有一个附加条件,这些证据应属于与之前不同的类型。巴尔多鲁[14]之后的许多人认为,如果第一批证据清晰无误,不容置辩,并且(这一点也是附加条件)如果拷打的力度减轻,则可以重复施刑。[15]现在,这两种解释都不适用于本案,没有任何新的证据出现;而第一批证据就是那两个女人看到皮亚扎触碰了某面墙,这就是全部的证据和主要案情,官员们在那些被烧灼熏黑的墙上看到了一些油膏状物体的痕迹,这些痕迹出现在门厅……而皮亚扎并没有走进过那里。更重要的是,无论这些证据如何清晰、明显、确凿无疑、有目共睹,但它们到底没有经过检验,也没有拿去和犯人讨论过。但是我该说什么呢?参议院的法令甚至没有提到和此桩罪行相关的证据,甚至没有错误地使用法律,它表现得好像法律不存在一样。它在违反一切法律、一切权威和一切常理的情况下，下令再次因一些谎言和不真实的地方给皮亚扎施刑。也就是说，参议院命令它的代表们把这件事重复一遍，并且还要做得更加无情，而参议院本应为此惩罚他们。因为普遍观点和法理学的准则是（可能不是这样吗？），下级法官在没有合法证据的情况下给被告用刑，应受到上级法官的惩处。

但是米兰参议院就是最高法院，当然，这仅限于本书提到的这个世界。人们期待它实行惩罚而非拯救。这样一座参议院，查起案来本应比卡特琳娜·洛萨更机敏、更执着、运气更好。然而它所做的一切都是建立在她的权威性之上的，她的那句话（那时我想到，他有可能是他们中的一个）就是这场审判的最初动机，同时也成了审判的圭臬。唯一的区别是她开始还带着疑虑，而法官们则从一开始就对此深信不疑。不要惊异于一座法院会追随一两个长舌妇的脚步，成为她们的效仿者，因为在激情之路上，自然是最盲目的人指引方向。不要惊异于人们会表现出与他们本性相悖的样子，他们甚至不可能是那些为了恶而作恶的人。不要惊异于看到这群人如此公然、如此残忍地违反每一条法律，因为不公正的想法会为不公正的行为铺路，而不公正的信念则会把它引向尽头；而如果良心迟疑不安、有所警觉，群众的呼声（对那些忘记还有另一个法官[16]的人）也有着致命的力量来平息悔恨之情，甚至阻止它出现。

让我们用维里的话来解释那些参议员为什么会做出这种针对剃发、更衣、清肠的可恨甚至残忍的指示。"那时人们相信头发、体毛、衣服，甚至肠子里，都可能藏着一个护身符或者与魔鬼缔结的契约，因此通过剃除毛发、剥除衣物、清理肠道来让他缴械。"[17]这就是当时的真实情况；所有时代都存在着（不同形式的）暴力，但没有任何一个时代把它奉为准则。

第二次审讯不过是对第一次的重复，它同样荒谬，而且更加残忍，得到的结果也一模一样。可怜的皮亚扎先是受到种种盘问，又被几乎可以说是孩子气的强词夺理反驳，如果"孩子气的"这个词可以用来形容这番场景的话。他常常说出与罪行无关的情况，甚至连这桩罪行都没有提到过。他受的刑比参议院法令里所规定的还要严酷。审讯官得到了一些绝望的、充斥着痛苦哀求的话，没有一句是他们想要的，而为了得到他们想要的，他们才有勇气去听他说话，并让他继续说下去。啊我的上帝啊！这是在杀人啊！啊检察官先生！[……]你们趁早吊死我吧[……]你们把我的手砍下来吧[……]杀了我。至少让我休息一会儿。啊！署长大人！[……]看在上帝的份儿上，给我点喝的吧。一言以蔽之：我什么都不知道，我已经说出真相了。在很多很多遍这样的回答之后，面对一遍遍要求他说出真相的无情狂热的命令，他再也说不出话，陷入了沉默；有四次他什么都没回答，最终他又一次开了口，声音十分微弱：我什么也不知道，我已经说出真相了。审讯不得不结束，他在没有认罪的情况下再一次被带回了监狱。

再也没有借口和动机来重新开始审讯了：他们自以为的捷径引导他们偏离了正路。如果酷刑发挥了它的效果，逼出了满是谎言的口供，他们就能把犯人牢牢地掌握在手心里了。而且可怕的是，谎言的内容越是无关紧要，越是无足轻重，在他们手里就越能有力地证明皮亚扎有罪,因为它会显得这个人需要尽可能地远离事实,好让自己表现出对其一无所知的样子。总而言之,显得他需要去说谎。但是一个人在遭受了一次比一次残暴、严酷、违背法律的酷刑之后还要被重新施刑,仅因为他否认曾经听说过某件事情,否认知道教区代表们的名字,这已经超出了特殊情况的界限。因此他们只能从头再来,就好像还什么都没做过一样;他们得在没有任何优势的情况下调查这桩所谓的罪行,把它展示给皮亚扎,审问他。如果他否认呢?如果他就像之前那样,在酷刑之下也依然坚持否认呢?如果法官们愿意听取他们一位同行的严格宣判,那么这一次酷刑就绝对应该是最后一次。这位同行已去世将近一个世纪,但其权威性正如日中天,他名叫博斯,我们在前文已经引用过他。他说过:"我从来没有见过哪位法官下令施刑的次数超过三次,除非他是个刽子手(nisi a carnificibus)。"[18] 而且他说的还是那些合法下令的酷刑!

然而遗憾的是,当法律之路漫长且充满不确定性时,激情会过分机敏大胆地另辟蹊径。他们以痛苦的酷刑开始审讯，再换一种酷刑从头再来。根据参议院的命令（正如我们从司法部长写给当时正在围攻卡萨莱的斯宾诺拉总督[19]的一封真实信件中了解到的那样），卫生署的检察长在公证员在场的情况下承诺，只要皮亚扎说出全部的真相（关于这一点可以在随后的审判中看到），就可以给他免罪。这样他们就能和他谈论这项指控，同时摆脱了必须和他谈论的义务。他们谈起指控并不是为了从他的回答里挖出几道调查真相所必需的光，也不是为了听他说什么，而是为了给他一个强有力的刺激，好让他说出他们想要的话。

我们上文提到的那封信写于 6 月 28 日，那时审讯已经因免罪承诺这种权宜之计取得了巨大进展。"我认为应该告知阁下，"信的开头写道，"在过去的几天里，几个恶棍被发现在这座城市的墙上和门上涂抹油膏。"也许看看这件事的执行者如何谈论它并非枯燥无味，也并非没有教益。"参议院，"信继续写道，"委托我起诉一名叫古里埃默·皮亚扎的人，他出身平民，但目前任卫生署专员。几个女人和一个值得信赖的男人指控他在 21 日周五，接近凌晨时往提契诺门旁被称作维特拉居民区的房屋墙面上涂抹油膏。"

那个值得信赖的男人很快被传唤来佐证女人们的说辞,他说曾与皮亚扎偶遇。我向他问好,他也向我问好。这句话加重了他的嫌疑!就好像指控他的罪名是他曾经走进维特拉街似的。还有,司法部长没有提起他去辨认罪证的事情,在之后的诉讼中,他也对此闭口不谈。

"因此,"信件继续道,"这个人立即被捉拿归案。"信中没有提及对他住处的搜查,在那里他们没有找到任何可疑的东西。

"他在审讯中表现出了重大嫌疑",(显而易见!)"因此受到了拷打,但他没有认罪"。

如果有人告诉斯宾诺拉,皮亚扎所受的审讯根本没有围绕此桩罪行展开,他也许会回答说:"我得到的确切消息恰恰相反,司法部长写给我的信中没有明确提及此事,这是多此一举,从他写到的另一件事里就能推断出来。他写到这个人被严刑拷打,但是他没有招供。"如果另一个人坚持说:"这怎么可能!"这个有权有势的人就会说:"难道您想说司法部长在戏弄我，他想告诉我的重大新闻就是那不能发生的事情没有发生？"然而事实的确如此：司法部长并非存心戏弄总督，而是他们所做之事的具体过程是见不得人的。也就是说，比起用语言解释他们的所做之事，虚伪的良心更容易找到行动的借口。

但是就免罪承诺而言，那封信里还有一个谎言，如果斯宾诺拉不是一心想着夺取他注定无法占领的卡萨莱，他本来可以察觉到该谎言，至少察觉到其中一部分。这封信继续写道："直到参议院下令，（依然是为了执行阁下您最近颁布的法令）卫生署署长承诺他免罪，他才最终坦白，如此这般。"

《约婚夫妇》第 31 章提到了一纸告示，卫生署承诺对揭发那些往房屋墙上和门上涂抹油膏的罪犯之人予以免罪和奖励，这张告示颁布于 5 月 18 日早上。同一章里还提到了一封卫生署就此事写给总督的信。信中宣布该告示已经在代行总督职权的司法部长大人的参与下颁布，随后他们请求总督延长告示的期限，并承诺给予更加丰厚的奖励。总督确实就此事又颁布了一张告示，日期是 6 月 13 日。

他在告示中承诺在三十天之内，无论谁检举犯下、协助或教唆此类犯罪的个人或团伙，都可以受到奖励，如果该人是共犯，还可以免去对他的责罚。司法部长说他正是根据这张明确围绕5月18日发生的某件事而颁布的告示，向那个被控告在6月21日犯罪的人承诺免罪，而且他还把这件事告诉了签发此章告示的人！看起来他们是对围攻卡萨莱太有把握了！因为如果认为双方都忽略了这一点，那未免太奇怪了。

但他们有什么必要对斯宾诺拉说谎呢？

因为他们需要根据法理和国家法律行使其权力，来掩盖既不正当也不合法的行为。一般的理论认为，法官不能凭借自己的权力向被告承诺免罪。[20]查理五世制定的宪法赋予了参议院无边的权力，但却把"宽恕罪行、赦免以及发放许可证"的权力排除在外，因为"只有亲王才拥有这项权利"[21]。身为当时米兰参议员的博斯是这部宪法的编纂者之一，他明确说过："颁布免罪承诺的权力只属于亲王。"[22]

但是总督一定从亲王那里取得了此项权力，并有权将它移交他人,但既然他们可以及时求助于总督,为什么还要对他说谎呢?这种可能性是我们想象不到的:同样一拨人对待另一个可怜虫是这么做的,他在稍晚的时候被卷入了这场残忍的审判。这件事在同一场诉讼中被记录在案,原文如下:安布罗西奥·斯宾诺拉等人,根据参议院在本月5日信函中的旨意,凭此信宣布斯特凡诺·巴鲁埃罗(Stefano Baruello)是制作并传播涂抹于全城以使人染疫身亡的毒油膏的罪犯,若能在规定期限内揭发此案的凶手及其同伙,便可获免罪。

皮亚扎的免罪承诺并没有正式生效的法律文书;它是卫生署检察长在诉讼程序之外,口头上对他做出的承诺。这就意味着:这样一纸文书如果依附于法令,那它就是过于明显的谎言,如果不依附于任何东西,那它就是权力的滥用。但是我要补充一个问题,为什么要设法消除严肃起草此类极其重要的文书的可能性呢?

我们不可能知道个中原因,不过稍后我们会看这么做对法官们有什么好处。

无论如何,诉讼过程中的不合理之处已经过于明显，以至于帕迪亚的辩护律师瞬间就注意到了它。为了使他的委托人从这种不着边际的指控中脱身，他有充分的理由宣称没有必要研究那些并非与帕迪亚直接相关的证据，尽管委托人把想象和编造的东西混作一谈，神志不清、磕磕巴巴地承认了一桩真实的罪行和几个真正的罪犯。尽管如此，为了进一步极力弱化与对他委托人的指控有关的一切，他也为其他人做了一些申辩。在关于免罪承诺的问题上，他没有就此质疑参议院的权力（因为有些时候，比起品行受到质疑，人会因为自己的权力受到质疑而更加倍感冒犯），而是提出异议，说皮亚扎"仅从卫生署检察长一人那里得到了免罪承诺，而检察长没有任何司法权，所以整个程序是在无效的情况下推进的，而且它全然违反常理"。之后，在偶然谈起这项免罪承诺时，他又说："然而直到那时，庭审记录里都没有出现与免罪承诺相关的字眼，而它在受到质疑之前，按理说是审判的一部分。"

辩护时有一句话，看似是不经意间说出的，但其实意味深长。辩护律师在重新回顾免罪承诺之前的公文时，没有对皮亚扎遭受的酷刑明确直接地提出异议，但是他就此事说道："他们以他没有说真话为借口，对他动了刑。"我觉得这也是一个值得观察的情况，也就是说即使在那时，即使当着那些罪魁祸首以及根本不想为这桩诉讼案的受害者辩护的人的面，这件事也应该按它原本的名字被称呼。

需要指出的是，这种免罪承诺很少为公众所知，里帕蒙蒂[23]在他的瘟疫史中谈及此次诉讼的几个要点时便没有提到此事，他甚至无意中把它漏掉了。这位作家没有刻意歪曲真相的能力，但不可原谅的是，他既没有读过帕迪亚的辩护词，也没有读过随附的审判摘要，而是相信了坊间的闲言碎语，或者某些利益相关者的谎言，他写道：拷问刚一结束，就在他们把皮亚扎放下来，准备带他回牢房时，他在谁也没有料到的情况下自愿揭露了一件事情。[24]这桩谎话连篇的揭露确实发生了，不过是在受刑后的第二天，在与检察长以及对这种事期待已久的人谈过之后。因此，如果不是有几份被保存下来的文件，如果参议院仅仅和民众以及历史有关系的话，它可能会刻意隐瞒这个对审判来说不可或缺的事实，而该事实推动了之后发生的所有事情。没有人知道那次谈话的经过,每个人都对其发挥了一番自己的想象。"很有可能,"维里说,"这个不幸的人在监狱里就被说服,如果他坚持否认,那么每一天都会遭受剧烈的痛苦;人们都确信他犯了罪,除了认罪并且指认其同伙外,他没有别的办法,只有这样他才能保住自己的性命,从日复一日的酷刑中脱身。因此皮亚扎才会请求免罪,他的请求被准许了,条件是原原本本地说出事实。"[25]

但是皮亚扎自己请求免罪这个说法并不太可信。随着审判的进行,我们会看到,这个不幸的人只能被拖着往前走;更加可信的说法是,为了让他迈出这如此荒诞且恐怖的第一步,为了诱使他认罪再供出其他人,检察官向他许诺了免罪。此外,当法官们对他谈起这件事的时候,应该不会忽略一个如此重要的情况,它会使供词显得更有分量,司法部长写给斯宾诺拉的信里也没有漏掉它。

但是谁能想象那人灵魂的挣扎,他对遭受的酷刑记忆犹新,他一会儿害怕再次遭到拷打,一会儿又陷入令他人遭罪的恐怖中无法自拔!对他来说,只有在给另外一个无辜者带来死亡的恐怖中,他才能看见自己从惨死中脱身的希望！因为他不能相信他们会在没有抓到至少另外一只猎物的前提下，把手里这只放跑。他不能相信他们会在没有定罪的情况下结案。他屈服了，接受了那个可怖而虚无缥缈的希望。他承担了这个残忍而艰难的任务：他决定让一个牺牲品代替他。但是怎么找到这个牺牲品呢？他要沿着哪条线索前进呢？他要怎么无中生有选一个人出来呢？他得找一件确实发生过的事情，把它当作案情以及指控受害者的理由。他曾走进过维特拉街，靠近了墙面，触碰了它，一个长舌妇隐隐约约瞥到了他在做什么事情。他需要一件同样无辜、同样风马牛不相及的事情，好编出一个人和一套相应的谎话。

理发师詹贾科莫·莫拉曾经配制并出售过一种预防瘟疫的油膏。在令人们束手无策的疫病肆虐之时，在一个医学发展甚微，以至于无法诊断疾病也无法教导人们不要相信偏方的世纪里，这种药膏是上千种被大众所信赖、大众愿意相信的特效药之一。在被捕前几天，皮亚扎曾经向理发师讨要过这种油膏，后者答应为他配制一份，并在他被捕的那天早上和他在卡罗比奥路口见了面，理发师对他说装油膏的小罐子已经准备好了，他可以过来取。法官们一致想从皮亚扎那里得到与维特拉街以及油膏有关的故事，而他就用那些刚刚发生的事情编了一个，如果用真情实景来构建完全无关的事情也能被称为编造的话。

第二天，6月26日，皮亚扎被带到审讯官面前，检察长命令他：当着公证员巴尔比亚诺（Balbiano）的面把休庭时对我坦白的事情一字不差地说一遍，是否知道是谁制作了这些油膏，人们多次都发现它被涂抹在本城房屋的墙上、门上和栅栏门上。

这个可怜的人在勉为其难地撒谎时，试着尽可能少地偏离事实，他仅仅回答说：那个理发师给了我油膏。这句话是被里帕蒙蒂逐字逐句翻译过来的，但他却没把它放对地方，他将其翻译为"dedit ungenta mihi tonsor"[26]。

他们命令他：说出这个理发师的名字以及他的同伙，即在这桩罪行中实行他的计划的人的名字。他回答道：我相信他叫詹贾科莫，我不知道他的父名（他的姓）。他只知道理发师住在哪里，或者说他的作坊在哪里，他在另一轮审问中说了这些事情。

他们问他：被告是否从这名理发师那里得到了一定数量的油膏。他回答道：他给了我很多，就好像这桌上的墨水瓶能装下的那么多。如果他真的从莫拉那里拿到了那个预防瘟疫的小罐子，他就会描述那个小罐子；但是他没办法从记忆里挖掘出任何东西，只好利用现场的物品，以便把他的故事和某件真实的东西联系起来。他们问他这名理发师是否是被告的朋友。他想不起来真实的情况，为了捏造事实，他的五官都扭歪了，他回答说：是朋友，是的大人，我们常常打招呼，是朋友，是的大人。这意味着他们仅仅是点头之交。

但是审讯官们没有提出任何质疑，他们继续问他：理发师是在什么情况下把油膏给他的。他这样回答：我经过那里时，他把我叫住，对我说一会儿给我个东西；我问他是什么，他说是一种油膏，然后我说，好的好的，我一会儿过去拿，两三天之后，他把油膏给了我。为了贴合这个谎言，他根据事实捏造了具体情况；但他为其增添了个人色彩，他提到的一些对话可能确实在两人之间发生过。这些话是在两人就预防瘟疫达成一致的情况下说出的。他提及这些话的目的是引出一个既疯狂又残忍的投毒计划。

掌握了这些信息之后，审讯官继续讯问他地点、日期、提议和交付的时间。如果他们对回答满意，就会提出更多的问题。当他把装了油膏的罐子交给你时，他和你说了什么？

他对我说：拿着这个罐子，把油膏涂在我身后的墙上，然后来见我，我会给您一把钱。

"但是晚上又没什么风险，理发师为什么不自己去涂呢！"维里在旁注中写道（我差点要说他是喊出来的）。可以说，这种类型的谎言在随后的回答中更加令人印象深刻。皮亚扎被问到理发师是否给他指定了涂油的具体地点，他回答道：他对我说去涂抹维特拉市民街的墙面，从他的房门开始，我就是从那里开始的。

"理发师甚至不往他自己的门上涂油！"在这里维拉再一次批注道。当然了，这里需要的不是他敏锐的观察力来提出这样的异议，而是狂热的盲目来使这类异议胎死腹中，或者狂热的恶意来对此置之不理，如果这类异议也顺其自然地出现在了审讯官的头脑里的话。

这个不幸的人被引导、强迫着，依照问题费力地编造了这番谎言，以至于没人能猜到那笔承诺中的报酬究竟是他想象出来的（为的是给接受此种委托找个理由），还是检察官在那次见不得光的谈话中授意给他的。另一个谎言也是此类性质，皮亚扎在审讯里胡编乱造时变相地遇到了另一个困难，即他是怎么处理这如此致命的油膏而不受伤害的。他们问他：理发师是否告诉过他为什么要在那些墙面和门上涂油。他回答说：他什么也没对我说，我猜出来这个油膏是有毒的，它对人的身体有害，因为第二天早上，他给我喝了一种水，告诉我说我会免受油膏的毒害。

审讯官们没有在这些答复还有其他无须在此赘述的同类答复里找到任何可以反对的地方，或者更准确地说，他们没有提出任何异议。他们认为需要解释的只有一件事：这些话他为什么在以前受刑的时候不交代。

他回答道：我不知道，除了他给我喝的那杯水，我也想不出别的原因；大人您看得很清楚，我遭受了那么多折磨，我什么也说不出来了。

但是这一次，那些如此容易满足的人却并不满意，他们再次问他：为什么现在才说出事情的真相，明明他在周六和昨天遭受的刑罚最重。

事情的真相！

他回答道：我没有说，是因为我说不出来。如果我在绳子上被吊个一百年，我就什么也说不出来了，因为我说不出话，因为当我被问到这些事情时，它从我心里溜走了，所以我没法回答。他们听到这个，就停止了审讯，把这个不幸的人扔回了牢房。

但是"不幸"一词足以形容他吗？

面对这个质问，良知会感到困惑，躲躲闪闪，会想表示自己无能为力；审视这样一个在种种痛苦、种种圈套里挣扎的人，几乎是一种残酷无情的傲慢，一种伪善的卖弄。但是在不得不回答时，良知会说：我也是有罪的。无辜者的痛苦和恐惧有很重的分量，其效力不容小觑；但它的力量不足以改变永恒的律法，不能洗脱诽谤这一行为的罪恶本质。即使同情心会原谅受刑人，它也一定会站在诽谤者的对立面：

它听到了另一个无辜者受到指控；预见了新的痛苦、新的恐惧，也许还有其他类似的罪行。

那些制造痛苦、编织圈套的人，我们难道能因为他们宣称自己是因为相信涂油这件事才去施刑的而原谅他们吗？我们也相信用毒物杀人的可能性。但是，对一个以此为借口，堂而皇之将一个人判定为下毒者的法官，我们该说什么呢？死刑是存在的，但是对一个以此为所有死刑判决辩护的人，我们又该怎么回答呢？不，古里埃默·皮亚扎的案子根本用不着刑讯逼供，是法官们想要用刑，可以说是他们在此案中创造了用刑的条件。如果他欺骗了他们，那也是他们咎由自取，因为这是他们一手造成的；但是我们已经看到他并没有欺骗他们。我们假设在最后一次审讯中他们被皮亚扎的话蒙骗了，他们相信了一个如此这般被解释、说明、详述的事实，这些话又是被谁引出来的？他们是怎么得到它的？他们使用了一种手段，他们不能自欺欺人地说它并不违法，这些人也确实没有这么做，因为他们试着去隐藏、扭曲它。

如果后来发生的一切不过是各类谎言的大杂

烩,那么过错还是要算在最先开辟这条路的人身上。但是我们会看到他们的意志引导着一切,为了把骗局维持到最后,他们还会规避法律,抵赖证据,把正直诚实当作儿戏,正如他们把怜悯之心变得冷酷无情。

第 4 章

检察长带着一队警察赶到了莫拉的房子,在作坊里找到了他。这是另外一个根本没想着逃跑,也没想着躲起来的罪犯,虽然他的同伙已经在监狱里待了四天了。他的一个儿子正和他待在一起;检察长下令将两人一起逮捕。

维里在研读圣洛伦佐教区的记事簿时,发现这个不幸的理发师可能还有三个女儿;一个十四岁,一个十二岁,还有一个刚满六岁。看到一个富有、高贵、声名卓著、担任要职的人承担起发掘一个贫穷、卑微、被人遗忘——我还能怎么形容呢?——且臭名昭著的家庭的往事的任务,并在一群继承了祖先的愚昧仇恨、盲目且固执的后人之间寻找新的可以唤起高尚而明智的同情心的东西,总是令人欣慰的。当然,把同情心和正义对立起来是不合理的,就算于心不忍,正义也必须去惩罚,如果通过怜悯无辜者的痛苦来赦免罪犯,那就不再是正义了。但同情心本身也是反对暴力和欺骗的一个理由。而这种一位妻子和母亲所经历的最剧烈的痛苦,这种女孩子们突然遭受的新的惊吓,这种她们从来没有体会过的悲痛——眼睁睁看着警察把手按在自己的父亲和哥哥身上,将他们五花大绑,把他们当作十恶不赦的犯人来对待,这些本身就是一项对那些人的可怕指控,正义没有赋予这些人权力,法律也没有允许他们走到这一步。

因为,就算要实施抓捕,也自然需要证据。而且这里没有谣言,没有逃跑的迹象,没有受害人的起诉,没有值得相信的人提出的控告,也没有目击者的证词。没有任何犯罪事实,只有一个所谓的同伙的说法。这个说法本身没有价值,需要很多条件这样的说法才能给予法官起诉的权力。我们会看到不止一个基本条件被忽视了,也很容易证明其他被忽视的条件还有许多。但是没有必要这样做;因为即使所有条件都被一点不差地满足了,本案的这一情况依然会使这项指控从根本上完全无效:它是因免罪承诺作出的。"任何人在希望取得免罪的前提下做出的指控都不可信,无论此项免罪是为法律所认可的,还是由法官承诺的。"[1]法利纳齐说。博斯也说:"证人在为获得免罪承诺的情况下说出的话是可以被驳回的〔……〕证人应该实话实说,而非希望得到什么好处［……］这也同样适用于出于某些原因而作出例外规定的案件，即排除同伙提供的证据［……］因为那为了免罪承诺而作证的人可以说是道德败坏，他的话没有可信度。"[2]

当他们准备把所有东西逐个检查一遍时，莫拉对法官说：大人啊，您看看！我知道您是为了油膏来的；您看它就在那儿；那就是我准备好给专员的小罐子，但他没来取；老天在上，我什么坏事也没做，大人您看得清清楚楚；我什么坏事也没做，犯不着把我铐起来。这个不幸的人以为他罪在无证制作和销售那款药膏。

所有东西都被翻了个底朝天；他们一遍遍检查各种小罐子、细颈瓶、装药剂的罐子和其他各种坛坛罐罐。（当时的理发师会做一些最简单的外科手术，为此他也干一些医生和药剂师的营生，对他来说这两者只有一线之隔。）他们觉得有两个东西十分可疑。请读者原谅，我们必须要谈谈这两个东西，因为他们在此次搜查中展现出的怀疑，事后给了这个不幸的可怜虫一个指示，一个在经受拷问时控告自己的手段；而且，在这整段历史中，还有比憎恶更强烈的情绪。

在瘟疫横行的日子里,一个和形形色色的人,尤其是和病患打交道的人,自然要尽可能地远离其家人:正如帕迪亚的辩护律师提出的那样,缺少犯罪事实与审判原则相悖。瘟疫本身又使得绝望的人群那已经很低的卫生需求再次大大降低。因此,根据审判记录,他们在作坊后面的一个小房间里找到了两只装满人粪的罐子。一名警员对此大为惊奇(对所有人来说,说涂油者坏话都是合法的),他质疑道:楼上明明有厕所。莫拉回答:我就在楼下睡,不怎么上楼。

第二个东西是人们在一个小院子里看到一个放有铜锅的炉子,锅里满是浑浊的水,水底有一种黄白相间的黏糊糊的东西,我们中的一个人试着把它扔到墙上,它黏在了上面。莫拉说:这是碱水。审判记录里注明了他非常执着于说明这一点:这显示出警员们对此是何等迷惑不解。但是他们为什么还要冒险在没有任何防护措施的情况下处理这么强大、这么神秘的毒物呢?我得说愤怒压制了恐惧,而恐惧又恰恰是愤怒的原因之一。

人们在纸堆里找到了一张药方，检察长把它递给莫拉，让他解释一下这是什么。莫拉把它撕了，因为他在慌乱中把它当成了那款药剂的配方。碎纸片很快被收到了一起；但是我们会看到这桩不幸的意外事后给这个可怜人带来了多大的灾难。

庭审摘要没有记录有多少人和他一起被拘捕。里帕蒙蒂说他们带走了家里和工作坊里的所有人：年轻人、学徒、妻子、孩子和当时在场的亲戚[3]。

再没有人会涉足这所房子，人们会从地基将它拆毁，还会在它的废墟上立起一座耻辱的纪念碑。当一行人从这所房子里走出来时，莫拉说：我什么坏事也没做，要是我做错了什么，您尽管处罚我；但是我自从调剂了那副药以后，什么也没做；万一我真犯了什么事，求您千万开恩。

他在同一天受到了审讯。审讯主要围绕在他家找到的碱液，还有他和卫生署专员的关系进行。就第一个问题，他回答道：大人啊，我什么也不知道，这是那几个女人干出来的事，您几位去问她们，她们会说的；我不知道那里有碱液，就像我没法相信我今天被关进了监狱。

就卫生署专员的问题，他说了本来应该给他的那罐油膏，详细解释了它的配方，至于和专员的还有没别的关系，他说没有，只是大概在一年以前，专员来过他家，求他为工作上的事帮个忙。紧接着他的儿子受到了审讯，这个可怜的男孩子只知道重复那些我们在本书开头提到过的关于小罐子和笔的蠢话。至于别的方面，什么也没查出来。维里在一条批注中指出："他们应该问问理发师的儿子有关那锅碱液的问题，搞清楚它在锅里放了多久，是怎么做的，用来干什么的；这样一来，事情就会比较清楚了。""然而，"他补充道，"他们害怕找不到犯罪的人。"这确实是一切的关键。

不过他们就这一点询问了莫拉的妻子，她面对种种提问，回答说她在十天或十二天前洗过衣服，她每次都会存一些碱液以备外科手术之用，所以家里才会有碱液，但是那些还没有用过，因为没有需要用到的地方。

他们让两个洗衣女工和三个医生检查了那锅碱液。洗衣女工说那里面有碱液，但是变质了；而医生们则说这东西不是碱液。双方之所以意见不一，是因为碱液沉在了锅底，黏在了一起。"一个理发师的作坊，"维里写道，"也是清洗从伤口和膏药上换下来的脏亚麻布的地方，那么，历经夏季数日，找到一块黏糊糊、油腻腻、颜色发黄的沉淀物，不是最自然不过的事情吗？"[4]

但是直到最后，那些搜查也没有发现任何东西，它只产生了自相矛盾的地方。帕迪亚的辩护律师陈述了此事，他的理由非常明显，即"在对同一场贻害无穷的诉讼的记录中，读不到有关犯罪事实的部分；而如果要把极其有害的行为和无法弥补的损害判定为犯罪，那么犯罪事实是必要前提、不可或缺的条件"。他还表明，就法官们意图归结于这项罪行所造成的结果来看，犯罪事实显得更加不可或缺，因为自然原因也可以使人大规模地死去。"对于那些拿不准的判断，"他说，"求助于经验成了必要选项，人们在不详的星座和数学家们的预言里寻求这些判断，它们对于1630年做出的唯一预言就是瘟疫，并最终预见到伦巴第大区乃至全意大利多少非凡的城市会变得荒芜，被瘟疫所摧毁。在这些城市中，没有人察觉到瘟疫，也没有人害怕油膏。"在这里错误也来助真相一臂之力，虽然真相并不需要它。非常遗憾的是，这个人发表了这样和那样的观点，展示出此桩罪行不过是凭空想象出来的，并把指控他委托人的证词归咎于酷刑的暴力，但在这之后却说了一些奇怪的话："因为上述被告人的邪恶本性和其他同伙的天生的犯罪倾向，一个人被迫承认——正如理发师在庭审记录的第 104 页所说的那样——为了赚钱，他们犯下了很多危害自己国家的罪行。"

在写给总督的汇报信里，司法部长谈起了这次的情况："理发师已被逮捕，在他的家里找到了一些混合物，经专家鉴定，该混合物高度可疑。"可疑！法官就是用这个词开启了审判，但是除非他已经穷尽了所有求证的可能性，他才会勉勉强强以这个词结案。而如果没有人知道也没有人能猜出，当人们真的想查明那团污物的毒性时，会使用哪种当时通用的手段，法庭庭长就会为我们揭晓答案。在上文引用的那封卫生署将 5 月 18 日涂油事件告知总督的信里，提到了一场在狗身上进行的实验，该实验是"为了确定这些油膏是否会传播瘟疫"。但是那时他们手里没有一个人能让他们来用酷刑做实验，来让人群对他高喊：除掉他！

然而在给莫拉用刑之前，他们想从专员那里得到更加清楚准确的消息；读者会理解这么做的必要性。于是他们传唤了皮亚扎，问他莫拉的证词是不是真的，他是否还记得别的什么事情。他给了第一个问题肯定的答复，但是没想起什么要补充的。

他们那时对他说：除了他供出来的那一次，他和理发师之间不可能没进行过别的协商，因为这对二人来说事关重大，若非事先经过周密的商议，他们不会委托别人去实施犯罪。两人之间的商议不会像他供出来的那样仓促。

这个质疑是正确的，但是提出得太晚了。为什么不在皮亚扎坦白的时候提出来呢？为什么要把这种事情称作真相呢？难道他们对于真相的感知力是如此迟钝、如此滞缓，以至于需要一整天才能意识到真相并不存在吗？真是这样吗？事实恰恰相反。他们的心思十分缜密，甚至过于缜密了。难道不是同一批人立刻认为皮亚扎不可能没听说过维特拉街的涂油事件，也不可能不知道教区代表们的名字吗？那为什么他们在一种情况下如此吹毛求疵，在另一种情况下又这么宽宏大量呢？

只有他们自己和那全知全能的上帝才知道为什么。我们能看到的就是，当他们需要一个理由给皮亚扎上刑时，他们就觉得供词有诈，然而当这种不真实性给逮捕莫拉制造了太大的障碍时，他们又不这么认为了。

我们已经看到，皮亚扎的证词既然从根本上无效，也就确实不能给予他们抓捕犯人的权力。然而他们还想不顾一切地利用它，所以需要让它保持原样。如果他们在第一次审讯时对他说了这根本不可能；如果他没有通过捏造一桩不那么匪夷所思和自相矛盾的事情来解决这个问题（这件事的可能性很小），他们就会面临一个抉择，要么放过莫拉，要么就得否定之前自己的一切行为，然后才能去抓捕他。

提出此观点时，他们也做了一个可怕的警告。因此，如果他不像他承诺的那样说出全部真相，如果他试图撤回之前的部分供词，如果他不说出他和理发师之间发生的所有事情，他的免罪承诺将会失效。反之，如果他需要免罪承诺，他就要说出真相。

这里可以看到，正如我们在上文指出的那样，法官们绕过总督承诺免罪对他们有什么好处。因为总督承诺免罪是皇家独有的权力，需要为此颁布一道法令，把它加入审判程序，这是不可以轻易撤回的。而一名检察官则可以用他的一些话轻易废除他说过的另外一些话。

值得注意的是，针对巴鲁埃罗的免罪是在9月5日被拿去请求总督批准的，即在皮亚扎、莫拉和其他几个不幸的人被处决之后。也就是说，它可以冒险放跑几个人：猛兽已经吃过饭，它的吼声应该不会那么急躁、那么气势汹汹了。

面对这番警告，皮亚扎被自己的馊主意弄得进退两难，他得拼命开动脑筋，然而他只会重复之前的故事。我对大人您说，在理发师给我油膏的前两天，他待在提契诺门那边，和他在一起的还有三个人。他看见我经过，就对我说："专员，我有一罐油膏要给您。"我对他说："您现在给我吗？"他说不是，那时他也没有告诉我油膏的效力，但是后来他给我的时候，对我说这罐油膏是用来涂在墙上的，它可以杀人。我没有问他之前有没有试过。区别是他在第一遍的时候说，他什么也没对我说，我猜出来这个油膏是有毒的；而在第二遍的时候却说，他对我说它可以杀人。但是他们没有在意这个矛盾之处，他们问他：那些和理发师在一起的人是谁，他们穿着什么样的衣服。

他不知道他们可能是谁，猜测也许是莫拉的邻居；至于他们穿着什么，他记不清了；他只是坚持他说的那些对莫拉不利的证词都是真的。他们问他是否已经准备好与莫拉当面对质，他回答"是"。为了洗刷恶名，进而使他针对莫拉的供词具有法律效力，他受到了拷打。

感谢上帝，使用酷刑的年代已经过去很久了，久到我们得对上文的话做一番解释。罗马法中的某一条规定"角斗士或与他地位相近之人的证词，只有对此人施刑后才具有效力"。[5] 后来的法学规定，此条法律适用于那些名声不佳的人；而罪犯无论是主动坦白还是被证有罪，全部被归入此类。这就是用酷刑洗刷恶名的意思。普遍的观点是，参与犯罪的人既然名声不佳，也就不值得信任，除非他承认一件与他当下切身利益相悖的事情，人们才可相信真相就是他被迫承认的那样。于是，当一名罪犯指控其他人时，他会被命令要么撤回指控，要么忍受酷刑并坚持指控，如果他挺过来了，那么他的证词就有可信度：酷刑已经洗去了恶名，把此人品性中并不具备的信誉归还给了他做出的证词。

那为什么不在皮亚扎第一次招认的时候就通过拷打来证明他供词的真实性呢？这也是为了避免核实供词吗？因为它是那么不充分，但是对于抓捕莫拉来说又至关重要吗？这个疏漏自然进一步削弱了供词的合法性：既然这份供词出自名声不佳之人，没有经拷问确认，它就像其他那些缺陷更多的证据一样，只能作为参考，而不能作为对被控诉人不利的证据。[6] 克拉罗对米兰法庭的习惯法做了十分全面的记录："为证明犯人供词的真实性，须对其进行拷打，此人名声不佳，又犯下此等罪行，故不可在未施刑时将其视为证人，此系本庭一贯做法（et ita apud nos servatur）。"[7]

所以，至少就最后一次口供拷打皮亚扎是合法的吗？当然不是：即使以法律为依据，这次拷打也是不公正的，他们用拷打验证的是一个无论如何也不可能有效的指控，因为这项指控是在免罪承诺的前提下做出的。请看博斯如何就这一点警告他们："拷问是一种无法弥补的罪恶，必须留心不要让犯人在没有其他关于此项罪行的假设和线索的情况下无端受苦。"[8]

但是该怎么做呢？他们拷打他违法了，还是不拷打他违法了？二者都是。一个走上歧途的人来到岔路口，走这条不对，走那条也不对，这有什么好奇怪的呢？

另外，很容易猜到的是，为了让他撤销指控所施行的拷打，其力度肯定不如逼迫他提出指控的力度大。这一次拷问的记录里也确实没有尖叫或者呻吟的痕迹，皮亚扎十分平静地坚持了他的证词。

他们问了他两遍为什么不在之前的审问中作证。这说明他们无法从脑海里去除那个疑惑，也无法摆脱心里的内疚，即那个愚蠢的故事可能是为了免罪编出来的。皮亚扎回答：是我说过的我喝的那个水让我没法坦白。他们也许还想要一个更有说服力的回答，但也只能满足于此了。我该怎么说呢，他们忽略、回避、排除了一切可以查明真相的方法。这项调查得出了两个相反的结论，他们想要其中一个，就用这样或者那样的手段，不惜一切代价也要得到它。他们可以假装满足于他们一心找到的真相吗？如果不想看到自己讨厌的东西，最合适的做法是关掉灯，但这个办法却不会让人看到自己想要的东西。

他们把皮亚扎从绳子上放下来的时候，他说：大人，我想在明天之前再考虑考虑，然后我会把我想起来的全告诉您，无论是否跟理发师有关系。

在随后被带回牢房时，他停下来说："我有话要说。"他报了几个人的名字，说这些人是莫拉的朋友，而且名声都不太好。这些人包括上文提到的巴鲁埃罗和两名磨刀工人（foresari）[9]，名为吉罗拉莫和卡斯帕雷·米伊亚瓦卡（Girolamo e Gaspare Miglivacca），是一对父子。

这个倒霉的人就这样试图用受害者的人数弥补证据的不足。但是那些审讯他的人难道察觉不出他补充的这些内容进一步证实了他什么也回答不出来吗？是他们在向他索要那些让整件事看起来真实的案情。制造困难的人不可能看不见困难。那些新的不着边际的指控，或者那些提出指控的尝试是在宣称：你们假装我揭露了事实，如果这个事实不存在，这又怎么可能呢？但是，总而言之，你们想要的是找几个人来定罪，人我已经给了，现在轮到你们去从这几张嘴里撬出你们需要的东西了。某个人会让你们如愿以偿的，你们已经对我这么做了。

这三个被皮亚扎点名的人，还有那些随着审判的进行被同样的证据指控，又以同样的确信被定罪的人，我们只会在他们对于叙述莫拉两人的故事有帮助时才会提起（这批最先落入法官之手的人始终被认为是罪行的主谋）；或者发生在他们身上的事值得一番特别观察时才会提起。我们也会在这里和本书的其他地方省略一些无关紧要的小事，以便尽快讲述同一天进行的对莫拉的第二次审讯。

他们又问了莫拉很多问题，关于特效药、碱液和他为了制作一副那个时代的药剂而从几个男孩那里拿到的蜥蜴（他回答这些问题时，表现得像一个没有任何问题要隐瞒的人一样）。他们把在搜查住处时被撕碎的那张纸摆在莫拉面前。我认得它，莫拉说，这是我无意中撕碎的那个方子，要是能把碎片拼起来让我看一眼内容，我就能想起来这是谁给我的。

他们接着审问他：在之前的审讯中，莫拉说他和那个叫古里埃默·皮亚扎的专员只是点头之交，那为什么专员可以这样肆无忌惮地找他要装有预防性药膏的小罐子呢？并且莫拉也毫无顾忌，一口答应下来给专员，还让对方上门来拿，就像专员在另一次审讯中说的那样。

这就回到了有关真实性的严格考量上。当皮亚扎第一次言之凿凿地肯定这个理发师是他常常打招呼的朋友，毫无顾忌，一口答应给他装有致命油膏的小罐子时，他们没有刁难他；他们刁难的是那些把油膏断定为治疗药物的人。然而，在寻找一桩轻微罪行的主犯时，不那么谨慎是很自然的事情，可是对于一件本身就十分清白的事情，他们却用同样的态度毫无必要地寻找那危险可憎的罪犯。这不是最近两个世纪才出现的事情。17 世纪的人不会有这种反常的思维，被激情冲昏了头脑的人才会有。莫拉回答说：我干这个是为了钱。

随后，他们问他认不认识皮亚扎提到的那几个人；他回答说认识，但不是他们的朋友，因为他们是那种最好不要与之有牵连的人。他们问他是否知道是谁在全城的墙上涂油，他回答不知道；问他是否知道专员涂抹墙面的油膏是从谁那里得来的，回答依然是不知道。

他们最后一遍问他：是否知道有人给了专员一笔钱让他去涂抹维特拉街的墙面，并且为此给了他一个装着油膏的玻璃小罐子。莫拉垂着头，低声说（flectens caput, et submissa voce）：我什么也不知道。

也许到那时他才开始反应过来这些问题布下的圈套是为了实现一个何等离奇恐怖的目的。没人知道这种问题是以什么样的方式被法官们提出来的，不管愿不愿意，他们没办法对自己的发现深信不疑。因此，他们更加努力表现出一副知情的样子，并预先表明他们强烈反对预料之中的否认行为。至于他们的表情和动作，则没有被记录在案。他们索性直接问他：被告是否曾要求上述的卫生署专员古里埃默·皮亚扎去涂抹维特拉市民街街区的墙面，为此给了他一只装着油膏的小玻璃罐子，并承诺给他一笔钱。

他尖叫起来，前言不搭后语地回答道：大人不是这样的！老天爷啊（maidè）[10]，不是这样的！绝对不可能，我怎么会干这个！这些话可能出自一个罪人之口，也可能出自一个无辜人之口，只是说的方式不一样。

他们反驳说：等到卫生署专员古里埃默·皮亚扎当面和他对质这个真相的时候，看看他又会怎么说。

又是这个真相！他们仅凭一个所谓的犯人的证词来了解事实；而正是这些人在同一天对他说，他说的事情根本不可能是真的。如果他们不去反驳他，他连一丝真实性的影子都不会添加，然而他们却对莫拉直截了当地说：这个真相！我再问一遍，这是时代的局限性？是法律的残暴？是无知？是迷信？还是一次罪恶的自欺欺人？

莫拉回答说：要是他当着我的面这么说，我会说他是个恶棍，他不能说这些话，因为他从来没有和我说过这些事情，老天有眼！

皮亚扎被带了过来。他们当着莫拉的面问了他一连串的问题，这个、这个还有这个是不是真的，这些都是他在证词里说过的东西。他回答道：大人，是真的。可怜的莫拉喊起来：仁慈的主啊！这根本没法证明。

专员：我落到这个下场，都是因为协助过您。

莫拉：这根本没法证明，您根本没进过我家。

专员：我真希望我没进过您家，但是我进了，因为您我才落到这个下场的。

莫拉：根本没法证明您进没进过我家。

说过这句话后，两人就被分别带回了各自的牢房。

在我们已经引用过多次的写给总督的信里，司法部长用以下几行话叙述了这次对质："皮亚扎十分勇敢地去和莫拉当面对质，以证明他在某时某地从后者那里接受了油膏这件事是真的。"斯宾诺拉一定认为皮亚扎十分具体地描述了对莫拉不利的案情；而实际上，所有那些勇敢的对质只有一句话：大人，是的，是真的。

信以这段话结束："我们将继续日以继夜地工作，以发现其他同伙或主谋。与此同时，我希望阁下对目前发生的事情还满意,我谦卑地吻您的手,并祝您的事业取得辉煌的成就。"也许他还写了别的话,不过已经遗失了。至于提到的事业,祝愿扑了个空。斯宾诺拉没能等到援军,因此丧失了攻克卡萨莱的希望。9月初的时候,他生了重病,变得偏执狂乱,并在25日一命呜呼。在他人生最后的时间里,他没能像在弗兰德那样,被冠上"城市征服者"这个显赫的名号,他(用西班牙语)说:他们把我的荣誉夺走了。他们给了他一个附带了许多责任的职位,这恶化了他的处境。在这些责任里,只有一项是他们提前告诉过他的,也许他们让他任职就是因为这个。

在对质后的第二天,专员说他有话要讲,被传唤后,他说:理发师说我从来没进过他家,大人您去问问巴尔达萨·利塔(Baldassar Litta),他住在圣伯尔纳定区的安提亚诺(Antiano)家里;还有斯特凡诺·布齐奥(Stefano Buzzio),他是染匠,住在圣安布罗乔区旁的圣奥古斯丁区对面的大门里,他们都知道我进过理发师的家和作坊。

这些话是他主动说的,还是法官们授意的?第一种假设有些奇怪，这番话引发的结果会证明这一点，而第二种假设则有很强的动机。他们想找一个借口给莫拉施刑。据多名法学博士的意见，很多条件都可以使共同犯罪人的指控具有本身并不具备的价值，并使其成为对被举报人施刑的充分证据，其中之一就是友情。但不是随便什么友情或者熟人关系都可以，因为"可以这样理解"，法利纳齐写道："共同犯罪人的每一条指控都能成为证据，因为举报人极可能在某种程度上认识被举报人，他们甚至关系密切，常常往来，如此一来他们就十分可能策划犯罪。"[11] 正因如此，他们一开始就问专员，理发师是否是他的朋友。读者们还记得他的回答：是朋友，常常打招呼的朋友。之后对他的威胁逼问也没有得出更多的信息，他们意图寻找的手段已经变成一种障碍。它的确不是，也永远成为不了一个正当、合法的手段，因为最亲密、最能经受考验的友情是不会使一个因免罪承诺而彻底无效的指控有什么价值的。但这个困难被轻轻带过了，就像其他那些并没有给审判造成实质性后果的困难一样：法官们自己提出的问题让这个困难变得十分明显，他们得设法消除它。庭审记录提到了狱卒、警员和因其他罪行而被关进来的犯人三方间的对话，他们被安排在那些可怜人周围，目的是从他们嘴里套点话。所以法官们极有可能设法让专员了解到，他能不能得救仰仗于他和莫拉之间存在友谊的证据。这个不幸的人为了不至于拿不出来证据，才说了上面那一番话，这靠他自己是绝对想不出来的。因为从皮亚扎提到的那两个人的证词中，就可以看出他们的话有多少可信度。巴尔达萨·利塔，就是否曾看到皮亚扎在莫拉家或在作坊里这个问题，回答道：大人，我没看到。斯特凡诺·布齐奥，就在皮亚扎和理发师之间是否存在友谊这个问题，回答道：他们可能是朋友，也可能互相打招呼，但是大人，我说不准。他也被问过是否知道皮亚扎曾去过理发师的家里或者作坊里。他回答：大人，我说不准。

他们还想听听另一个证人的说法，以验证皮亚扎在他供词里补充的一个情况。即在理发师和他说"我要给你一个东西"的时候，有个叫马泰奥·沃尔皮（Matteo Volpi）的人在场。沃尔皮不仅在被问起时回答说他一无所知，而且在被训斥后，仍坚定地补充道：我发誓我从来没见过他们两个人说话。

第二天，6月30日，莫拉再一次被提审，审判是以一种不可思议的方式开始的。

被告人要说明出于何种原因，在另一次审讯中与卫生署专员古里埃默·皮亚扎对质时，否认和他熟识，并说对方没有去过他家，而对质证明的内容恰恰与此相反。他在首次审讯时表明两人对彼此十分了解，其他被正式起诉的人也证实了这一点，而且根据之前的证词，被告人给专员准备并提供了装有预防性药膏的罐子，这也说明了两者关系非常密切。

他回答道：专员的确常常经过我的作坊，但是他没去过我家，和我也没有往来。

他们重复道：这一点不仅与你第一次的供词相悖，而且与其他证人的证词相悖［……］。

任何观察在这里都显得多余了。

他们不敢就皮亚扎的证词拷问他。但他们是怎么做的呢？他们又搬出了弄虚作假那一套。而且，在他们不相信的事情里，其中之一就是莫拉否认他和皮亚扎是朋友，后者常常登门拜访，同时还一口咬定莫拉答应给他预防药膏！另一件他没能解释清楚的事情是他为什么撕碎了那张纸。莫拉回答说他没多想就撕了，那时他不相信这么一个东西会有法律上的重要性。这个可怜的人！要么他害怕一旦承认撕碎这张纸是为了销毁某次偷鸡摸狗的证据，他的处境会因此变得更加不利，要么实际上他也说不清楚自己在最初那个惊吓与困惑交织的时刻做了什么。但是无论如何，他们手里有这些碎片，并且他们相信这页纸里或许隐藏着犯罪证据，他们可以把它拼回原状，像之前那样浏览。莫拉本人也提议这么做。其实，谁会相信他们没有已经这么做了呢？

于是他们以施刑为由要挟莫拉说出这两件事情的真相。莫拉回答：关于那张纸我已经说了，而专员可以随便说他想说的，因为那是诬陷，因为我什么也没给过他。

他相信（难道他不应该相信吗？）这是他们想从他这里得到的最终真相。但先生，不是这样的。他们对他说：无须在这一点上做出说明，问题与此无关，目前他只需解释撕碎手稿的原因，以及为何一再否认卫生署专员曾经登门拜访，同时表示他几乎不认识专员。

我猜测，人们不会这样轻易地找到另外一个在法律程序上如此无耻地弄虚作假的例子。因为授权拷问的主要甚至唯一指控对象的法律缺陷过于明显，所以他们希望施刑看上去是为了别的事情。但是不义的披风太短了，把它拉过来遮住一部分，另一部分就会露出来。如此一来，他们就更加明显地表现出为了使用暴力，他们只有两个穷凶极恶的托词可用：一个是他们所谓的事实，同时他们不愿意查明那张纸上到底写了什么；另一个更糟，是他们试图使其变得合法的证据所展示的事情。

但是还需要别的吗？即使证人能完全证实皮亚扎补充的关于那个特定的次要案情的说法，即使没有免罪承诺，他的证词也不再能提供任何合法证据。"共同犯罪人在证词中说法不一、自相矛盾，按做伪证处理，该证词不可成为对被举报人施刑的证据〔……〕甚至也不能成为审讯的证据〔……〕这是法学博士们普遍认同的准则。"[12]

莫拉被用了刑！

这个不幸的人没有他的诬陷者那么强壮。因此在一段时间之内，痛苦只从他嘴里逼出了令人于心不忍的惨叫和已经说出真相的声明。啊，我的上帝啊；我不认识他，我从来没和他有过什么往来，因为这个我才什么都说不上来[……]因为这个，那些说他去过我家的话才都是骗人的，他也从来没去过我的作坊。我要死了！发发慈悲吧，我的主啊，发发慈悲吧！我撕了那张纸，因为我觉得那是我的一个药方[……]因为我只想赚点钱。

这个理由不充分，他们对他说。他哀求他们放他下来，他会说出真相的！他被放了下来，他说：真相就是专员和我之间没有什么往来。他又被施以了更严酷的拷打。在审讯官无情的诘问下，这个不幸的人回答：大人您想让我说什么，我说就是了。这是菲洛塔斯[13]因亚历山大大帝的命令而受刑时，对他的施刑人说的话。"大帝本人也在挂毯后面偷听"[14]：dic quid me velis dicere[15]。天知道这是多少不幸之人的回答。

最终，他经受的痛苦已经超过了对诽谤自己的排斥，也超过了对死刑的顾虑，他开口道：我给了专员一个装满了秽物，也就是粪便的小罐子，让他去涂抹墙面。大人啊,求您把我放下来,我会招的。

这样一来他们就成功让莫拉证实了警员的猜测,正如让皮亚扎证实了那个女人的猜测一样;只不过在第二个案子里他们靠的是非法刑讯逼供,就像在第一个案子里他们非法承诺了免罪一样。武器来自法学的军工厂,而开火则是由于任意妄为和背信弃义。

他们眼见痛苦催生出了自己期盼的效果,便没有答应这个可怜人的哀求。他们甚至没有马上中断吊刑,而是命令他:开始说吧。

他说:是人的粪便和一团脏东西(即碱水,也就是那次针对大锅的调查产生的结果,它大张旗鼓地开始,又因背信弃义无疾而终)。因为他,也就是专员,管我要这个罐子,他说要拿去涂在房子上,他还给了我从那些堆在马车上的死人嘴里取出来的东西。这也不是他自己想出来的,在随后的一场审讯中,当被问到从哪里学到这么一个方子时,他回答:我听说那些野蛮人就是这么做的,他们用从死人嘴里取出来的东西[……]我就自作主张把它加进了碱水和粪便里。而他本来应该说:我是从谋杀我的人那里学到这个方子的，从你们和群众那里学到的。

  但是还有一件怪事。他为什么要供认他们没有问过甚至从审查中排除掉的东西？他们说无须在这一点上做出说明，问题与此无关。因为即便痛苦迫使他去撒谎，一般来说谎言也至少不应该超出提问的范围。他本来可以说他和专员是十分亲密的朋友，他本来可以编造一些夸张的犯罪理由来解释他为什么撕碎那张纸，但为什么他走得比他们逼迫他的还要远呢？也许在他被痛苦压垮的时候，他们建议他用别的方式结束这一切？也许他们还对他进行了其他审问，而这一切并没有被记录在案？如果是这样的话，那么我们说他们欺骗总督，好让总督相信皮亚扎受到的审问与他的罪行有关，就是在自欺欺人。但是如果我们那时没有怀疑法官们是在诉讼而不是在信件中撒了谎，那么这是因为发生的事情没有给我们足够的理由。现在我们很难接受这样一件如此奇怪的事情，以至于我们不得不再作一个残忍的推测，作为对诸多已经彰显的残暴行径的补充。我得说，我们处于两种立场之间：要么相信莫拉在未经审讯的情况下就承认自己犯下了一桩可怕的罪行，虽然他并没有真的犯罪，并且这桩罪行会使他以恐怖的方式死去；要么猜测这些审讯官意识到他们没有足够的理由来拷打这个可怜人，让他认罪，于是就另找了一个借口给他上刑，以从他嘴里撬出他们想听到的供词。读者会看到哪一个选项是正确的。

紧随酷刑之后的审讯，对法官们来说，就像那场专员做出免罪承诺后的审讯一样，是一种狡猾与愚钝的混合，或者说得更精确一点，是两者的一种冲突，它增加了没有根据的问题，并忽视了本案最明确指示的，也是法学最迫切规定的调查。

根据"没有人会无端认罪"的原则；并且根据"很多软弱的灵魂会认罪，然后在判罪之后，行刑之际，却会反驳说自己没有犯下此等罪行"的公认事实，法学规定"若无明确犯罪原因，或者若与犯罪本身相比，此原因不真实、不重要，则认罪无效"[16]。现在，可怜的莫拉被迫临时编出一个新的故事以证实那件会最终会导致他惨死的事情。他在审讯中说死于瘟疫之人的口水是从专员那里拿到的，正是这个人提议实施犯罪。两人提出和接受这种建议的原因是，如果他们用这个方法让很多人得病，他们两个就可以赚得盆满钵满：一人利用其专员职位之便，另一人则可以出售预防药膏。我们不会询问读者，这样一桩罪行的严重性与危险性是否与其获利的重要性相称（再说，自然因素已经让他们获利颇丰了）。但是如果读者相信那些17世纪的法官们认为两者相称，同时也相信这样的动机是真实的，那么他会亲眼看到这一批人在另外一场审讯中将其全盘否定。

  但是还有更多的东西，莫拉给出的犯罪动机里有一个更明显、更实际，甚至更强烈的矛盾点。读者或许还记得，专员在认罪时也说了自己犯罪的动机，即理发师曾经和他说：去涂油［……］然后回来见我，你会得到一把钱，或者像之后的证词说的那样，一大把钱。于是同一桩罪行就有了两个犯罪动机，这两个动机不仅不一样，而且根本互相矛盾：同一个人在一份供词里出大价钱招徕同伙，而在另一份供词里却为了赚点小钱就答应犯罪。让我们忘掉到目前为止所看到的一切：这两个犯罪动机从何而来，这两份证词又是怎么得到的。让我们看看事件目前的进展。那些没有因狂热而走火入魔、神智昏聩的法官，当他们发现自己处于这般境地的时候，又会怎么做呢？他们会害怕自己走得太远了（也许没犯什么错）；他们会安慰自己至少还没有走到最后一步，还没到彻底不可挽回的程度。一个幸运的障碍阻止了他们的脚步，把他们从悬崖边上拉了回来，他们会围着这个难题团团转，想要解开死结。他们会在审讯里用尽所有技巧、毅力和花招，在查清这两个人之间是谁在说谎，或者两个人是不是都在说谎之前（这件事就这么困难吗？），一步也不会前进。而我们的审讯官，在从莫拉那里得到"因为他会赚一大笔钱，因为他会让一大群人生病，而我也会用我的药方赚一大笔钱"这样的回答后，便去找另一个人了。

在这之后，只要简单叙述一部分审讯就够了。

莫拉被问道：作坊里是否还有其他同伙。他回答：还有和皮亚扎一起来的几个人，我不知道他们是谁。法官们反驳道：你不可能不知道。这句话是酷刑的可怕先兆。这个不幸的人一听到他们这么说，马上用一种更积极的态度肯定道：是那两个磨刀工人和巴鲁埃罗。他在上一场审讯里听到过这几个人的名字，就这样指认了他们。

他说他把毒物藏在了炉子里，那正是他们猜测可能藏毒的地方，他说了毒物的配制方法，最后说道：我把剩下的扔到维特拉街去了。在这里我们必须引用一条维里的评注："在皮亚扎被捕以后，他是不会把剩下的毒物扔到维特拉街的！"

他随便回答了另外几个有关犯罪现场的时间、地点之类的问题，就好像它是一件清晰无误并且已经被大概证实了，又不缺乏自己的特殊性的事情。最后，他再一次被拷打，直到他的证词能够有效地针对那几个被检举的人，尤其是专员，而他们当时拷打后者是为了让他证实另一份在关键点上完全相反的证词！我们没有办法在这里引用法律条文或者法学博士们的意见，因为法学界实际上并没有预见此种情况。

因拷问而做出的供词，只有在另外一天，在另外一个看不到那些可怕刑具的地方，在未被施刑的情况下得到认可，才具有法律效力。他们用种种科学手段，尽可能使一份强逼出来的供词显得自然，使其合乎承认拷打之合法性的罗马法，并且合乎常理——常理明确表示因痛苦而说出的话不值得信任。甚至法律诠释者们从罗马法中，也就是从下文这些奇怪的话里推断出了施行这些预防措施的原因："拷问是一种不可靠、危险、充满主观性且具有欺骗性质的行为，许多人因身体或者灵魂的强健，对拷问无动于衷，此种方法不能令他们说出真相，而另一些人完全无法忍受疼痛，为了不再继续忍受折磨，他们什么谎都说得出来。"我说这些话奇怪，是因为一部法律既保留了酷刑，又说它能产生的唯一结果就是"不可始终信赖酷刑"[17]。我们需要记住，这部法律最初是为奴隶制定的，在那些卑鄙邪恶的异教徒眼里，奴隶算不上人，在他们身上进行任何实验都不违法，为此，这些奴隶饱受折磨，以便能揭露其他人的罪行。新的立法者们为了新的利益，让这条法律适用于自由人，而权威的力量又使它在异教徒时代之后延续了许多个世纪：一条法律一旦被执行，就可以扩展到它的起源地之外并延续下去，这样的例子并不罕见，甚至比比皆是。

为了走完程序，他们在第二天再次提审了莫拉，但是他们总要处处挖陷阱、做暗示、无端生事。因此，他们没有让莫拉证实自己的供词，而是问他：是否要对他昨天在拷问结束后做出的证词进行补充。他们彻底把疑问抛诸脑后。法学界认为因拷打而做出的供词要经过再次检验，而他们则把这当作确凿无疑的证据，他们的审问仅仅是为了给这份供词增添新的内容。

但在那时（或许我们可以称之为休息的时候？），对清白无辜的感受、对死刑的恐惧、对妻儿的顾虑或许给了莫拉希望，让他以为自己在受刑时可以更坚强。他回答说：大人，我没有什么要补充的，我还想尽快收回一些话。他们应该是问了他：你想收回什么。他更坦率也更勇敢地回答道：我说过的那种油膏，我根本没做过，我之所以那么说，是因为我遭受了拷打。他们立刻威胁要再给他上刑，而这一次拷问（暂且不提其他非法暴力行为）并没有澄清他和专员的供词之间互相矛盾的地方，也就是说他们自己也说不清他们是要用他的供词拷问他，还是要用专员的；说不清要把他当作同谋还是主犯；说不清他是受他人怂恿犯罪，还是他本人即主谋；说不清他是愿意为此桩罪行支付大笔酬金，还是希望赚点小钱。

面对威胁，莫拉依然回答道：我再说一遍，我昨天说的话没有一句是真的，我那么说是因为我受了拷打。然后他补充道：诸位大人是否可以让我念一遍《圣母经》（Aue Maria），然后我会做上帝希望我做的。他们让他跪在一幅耶稣受难图前，那画上之人有朝一日会审判这些审判者。他在片刻之后起身，他们催促他快点证实自己的供词，他说：凭良心起誓，我说过的话根本不是真的。他当即被带到拷问室里吊了起来，这一次他们残忍地增加了麻绳的数量。这个极其不幸的人说：大人啊，不要再折磨我了，我已经说出了真相，我会坚持我的说法。他被放了下来，带到审讯室里，他重复道：我说过的话根本不是真的。他又被拷打了一遍，这次他说了他们想听的话。痛苦耗尽了他最后一丝勇气，他坚持了他这次的说法，声称已经准备好确认它，他甚至不想听他们宣读供词。他们没有同意这件事：他们在大肆践踏最重要、最明确的规则时，却严格遵守了尚未完成的程序。他们宣读了供词，他说：这些都是真的。

在这之后，他们延续了这种未进行拷打便不继续调查，也不再面对疑点的方法。（这正是法律本身曾相信应该明确禁止，也是戴克里先［Diocleziano］和马克西米安［Massimiano］曾希望阻止的事情！[18]）他们终于想到了问他除了卖药方赚钱之外是否还有别的目的，他回答道：据我所知，我没有别的目的。

据我所知！除了他，还有谁会知道他心里的事情？然而这句如此奇怪的话却非常适于当时的情景。这么说吧，这个不幸的人找不到别的方式来更好地表达他那时自暴自弃到了什么程度，他同意去确认、否认、了解那些仅仅是施刑人想听到的东西。

他们继续对他说：专员绝不可能只是为了给自己创造工作条件，被告也绝不可能只是为了卖他自创的药方，因此应说明为何目的，出于何等原因两人涂污墙面，毒害众人，为如此微薄的利益犯下此等罪行。

现在他们觉得不可能了？所以他们又是威胁又是用刑，反反复复折腾那么多次，就是为了确认一份不可能的供词！我们再说一遍，这个质疑是正确的，但是提出得太晚了。同样的情况再次发生，所以我们几乎不得不使用同样的词句。就像他们直到要凭借皮亚扎的供词拘捕莫拉时，才意识到里面有说不通的地方一样，现在如果不是他们强迫莫拉确认这份供词，且又要凭此给莫拉判罪的话，他们也意识不到莫拉证词里不合理的地方。我们真的要假设他们现在才意识到事情不对劲吗？那我们又要怎么解释、衡量这个在提出此种质疑后依然维持供词有效性的行为呢？也许莫拉的回答比皮亚扎的更有说服力？莫拉是这样回答的：如果专员不知道，我也就不知道；而他肯定是知道的，大人您也肯定会从他那里问出来，因为他才是那个涂油的人。这样一来，主犯的罪名就从一个人头上转移到另一个人头上了，这虽然不能减轻他们的罪名，但却可以让他们绕过那些解释不清的事情。

在莫拉又给出了一次相似的回答后，审讯官对他宣读道：被告制作上述配方和油膏，是经卫生署专员授意的，后者从他那里取得油膏后，涂抹在了房屋的墙面上，经两人作证，其目的为致人死亡。

专员已供认为此实施犯罪，被告也已供认为此目的制作置人于死地的油膏。因两人犯下此等罪行，应依据法律，对实施犯罪者与有意实施犯罪者予以处罚。

  我们从头梳理一下。法官们对莫拉说：你们怎么可能为了这么一点利益，犯下这样一桩罪行呢？莫拉回答道：专员肯定知道他和我为什么要这么做，你们去问他。他把他们推给另一个人，让另一个人去解释他的心思，以便让他们搞清楚一个作案动机是怎么足以让他下定决心实施犯罪的。至于另外一个人呢？他没有承认过这个作案动机，因为他把罪行归给了完全不同的动机。法官们认为难题已经解决了，莫拉供认的罪行变得真实可信了起来，他们会用这份供词给他判罪。不可能是愚昧无知才让他们在这种作案动机中看到不合理的地方的，也不是法学才让他们对法学所总结归纳的情况做出这样一番假设的。

第 5 章

免罪承诺和严刑逼供创造了两个故事,这些已经足够让这批法官为两人定罪了。然而我们现在将会看到他们怎样努力工作,使两个故事在最大限度上合二为一。我们稍后还会看到,他们最终怎么说服自己也对这个故事深信不疑。

米兰参议院确认并起草了其代表们的决定。"在已听取从詹贾科莫·莫拉的供词中得出的结论,已与之前诸事核对并且考虑过每一件事的情况下",这一桩罪行只不过是有两个不同的主犯、两种不同的作案动机、两个不同的事情发生顺序,"命令上述的莫拉〔……〕再次受审,审讯应严谨细致,但不可用刑,以使其更清楚地解释他供述的事情,并从他那里找出其他罪犯、教唆者和同伙的名字。审问结束后,应就被告所坦白之事,即曾经制作致命的油膏并交予古里埃默·皮亚扎一事宣判他有罪,同时限他三天之内为自己辩护。至于皮亚扎,应询问他是否认为自己的供词中有什么不足、需要补充的地方,若没有,则因曾经涂抹上述油膏宣判他有罪,同时限他在同样的期限里为自己辩护"。也就是说，读者可以看到他们从两人的嘴里撬出了两人所能提供的一切。无论如何，两人各自因自己的供词被宣判有罪，尽管这两份供词互相矛盾。

同一天，他们从皮亚扎开始审讯。需要补充一点，他对法官们掌握的情况一无所知，也许他在指控一个无辜者的时候，没有料到他反而成了自己的控诉人。他们问他为什么没有说自己曾给过理发师瘟疫病人的口水以制作油膏。他回答我什么也没给过他，仿佛那些曾经相信了他的谎言的人，现在也应该相信真相。他们又拐弯抹角地提了几个其他的问题，然后对他宣布：因犯人没有说出他所承诺的全部真相，他不可享有被承诺过的免罪。他马上说道：大人，理发师的确让我带给他那种材料，我也给他带过去了，好让他制作油膏。他希望，如果自己承认了一切，就能重新争取到免罪。然后，为了给自己争取更多的功劳，或者为了争取时间，他补充说理发师答应给他的钱应该出自一位大人物，理发师本人认识这位大人物，但是他从来没能打听到究竟是谁。他没有足够的时间杜撰出这么一个人。

第二天，他们去询问莫拉有关此人的信息。或许这个可怜的人遭受了拷打,尽力编了一个人出来。但是,正如我们看到的那样,米兰参议院排除了此次审讯,也许是为了在再次确认之前那份供词时显出较少遭暴力强迫的痕迹。于是莫拉被问道:被告是否是第一个去找专员〔……〕并向他承诺了一定数量的报酬的人。他回答说:大人,不是这样的,我从哪里承诺这么一笔钱呢?他们可能还记得,拘捕莫拉时,在对他住所进行的仔细搜查中,他们找到了一只碗,里面放着五枚巴尔巴约拉(parpagliola)[1](约合十二个半索尔多[soldo][2])。他们询问莫拉有关那位大人物的信息,他回答说:大人只想知道真相,而真相在我被拷打的时候已经说了,我甚至说得比您问得还要多。

两份庭审摘要没有提到莫拉已经确认了之前的供词;如果就像我们相信的那样,法官们迫使他做了确认,那些话就是一份抗议。他没有意识到它的力量,然而他们应该对此心知肚明。此外,巴尔多鲁、戈罗萨(Glossa)[3],甚至法利纳齐都曾一致提出过一条作为法学公理的亘古不变的普遍准则,即"在没有合法证据的情况下进行的拷问,其产生的供述无效，除非之后在没有经受拷问的情况下经过一千余次确认（etiam quod millies sponte sit ratificata）"[4]。

在这之后，法官们向皮亚扎和莫拉宣读了一些法律文件，按当时的说法，这些文件叫作庭审记录。随后，法官给了他们两天时间为自己辩护。没人知道为什么这个期限比参议院法令中规定的少了一天。两个人被分别指派了一名辩护律师，派给莫拉的那一名律师拒绝了这项委托。维里猜测并写道（遗憾的是，从事情的整体来看拒绝委托并不奇怪）："愤怒达到了一定程度，以至于替这个已成为众矢之的的受害者辩护成了一件恶劣的、不光彩的事情。"[5] 但是维里应该没有读过刊印的摘要，其中记载了辩护律师拒绝委托的真正原因，这个原因也同样奇怪，甚至可以说很悲哀。在同一天，7月2日，公证员毛里（Mauri）被要求为莫拉辩护，他说：我不能接受此项委托，首先，我是刑事法院的公证员，我并不适合去做辩护；其次，我既不是法律代理人，也不是律师，我可以去陪他讲讲话，让他感觉好一点，但是我不能接受为他辩护。对于一个如今已经被带到刑场上（那是什么样的死刑，用了什么样的手段啊！），一点儿人脉关系也没有，一个大人物也不认识的人来说，他只能从法官那里、按法官的方式得到援助，而他们却给他派了一个缺乏此类基本素养的辩护律师，而且此人的职业甚至不允许他接受这个委托！他们行事多么轻率啊！我们权且认为他们这样做不是出于恶意。竟然轮到一个下级官员来提醒他们遵守最为人所熟知的、最神圣的法律！

毛里回来后，说道：我刚才和莫拉待在一起，他坦诚地对我说他什么错事也没做，而他说的那些事情，都是因为他遭受了拷打。我坦诚地对他说我既不想也不能接受为他辩护的委托，他回答我院长大人会行个好，为他找一个辩护人的，他不想让他不受辩护就死去。无辜就是说着这些话向邪恶求告的！他们确实给他指派了另一个人。

至于指派给皮亚扎的那个人，"他出面口头要求浏览委托人的审判记录，他拿到并阅读了它"。这就是他们为辩护提供的便利吗？并不总是这样的，因为就像我们马上会看到的那样，帕迪亚成了那个浮在空中、不着边际的大人物的具象。他的辩护律师有一份可以随他处置的审判记录，他抄录了很大一部分，记录正是以这种方式传到我们手里的。

两天过去了，这两个不幸的人申请延期，"参议院又给了他们接下来一整天的时间，但不会再多了（et non ultra）"。帕迪亚的辩护词分三次呈现。第一部分呈现于1631年7月24日，这部分辩护词"被全部承认，并未因剩余部分会在之后呈现而遇到困难"；第二部分呈现于1632年4月12日；最后一部分呈现于同年5月10日，那时距他被捕已经过去了将近两年。对于一个无辜的人来说，这确实是一个漫长而痛苦的过程，但是和皮亚扎以及莫拉遭受的草率决定以及即刻紧随其后的死刑相比，这种漫长倒算是一种可怕的偏袒。

然而，皮亚扎编造的新故事却使得死刑推迟了几天，这几天充满了虚幻的希望，与之相伴的却是新的残忍的拷问以及新的致命诬陷。卫生署检察长奉命在绝对保密且无公证员在场的情况下去皮亚扎那里听取新的证词。这一次密谈是皮亚扎通过他的辩护律师提出的，暗示关于那个大人物，他有些事情要揭露。他可能想到，如果往那张出口如此狭窄、入口又如此宽阔的网里拉进一条大鱼，它挣脱的时候也许会撞出一个大洞，这样一来，小鱼们也能逃生。而且既然人们对 5 月 18 日涂抹致命油膏的人的身份议论纷纷（暴力执法应该对恐慌以及随之而来的胡思乱想起了很大的刺激作用，而且恐慌的真正制造者要比他们所想的有罪得多！），在口口相传的猜测中，有一个传说中的凶手便是西班牙官员，那可怜的捏造者于是想在这个方面做文章。帕迪亚是城堡司令官的儿子，拥有天然的保护人，可以帮助他扰乱司法程序，也许就是因为这个，他成了皮亚扎的不二人选，尽管他不是皮亚扎唯一知道名字的西班牙官员。密谈过后，皮亚扎被叫去在法律上确认他的新供词的合法性。在前一份供词里，他说过理发师不愿意告诉他这位大人物是谁，而现在他佐证的情况恰恰相反。为了在某种程度上减少这种矛盾，他说莫拉没有马上告诉他那人的名字。四五天之后，他终于告诉我说，这个大官是一个叫什么帕迪亚的人，他还说了那个人的名字，但是我不记得了，不过我知道，我记得很清楚，他说那个人是米兰城堡卡司德亚诺大人（Sig. Castellano）的儿子。然而，关于报酬，他不仅没说从理发师那里收到了一笔钱，而且声称他不清楚后者是否从帕迪亚那里拿了钱。

审判记录如此记载：他们让皮亚扎在这份新口供上签了字，并即刻派遣卫生署检察长向总督汇报最新进展。他们一定是想询问总督是否同意将当时身在蒙费拉托的骑兵队队长帕迪亚交予当局处置。检察长回来后很快让皮亚扎再次确认新口供，随后他们又去找可怜的莫拉，后者被要求承认他曾向专员许诺过一笔钱且向他透露有一位大人物，并被要求说出大人物究竟是谁。莫拉回答道：你们是永远也问不出来的。凭我的良心起誓，如果我知道，我一定会说。他们又安排了一次对质，他们问皮亚扎，莫拉是否真的答应过给他一笔钱，同时声称所有这一切都是在米兰城堡的卡司德亚诺大人的儿子帕迪亚的命令和委托下进行的。帕迪亚的辩护律师以十分充足的理由质疑他们是在"以当面对质为掩护"来让莫拉明白"他们想让他说什么"。的确，如果不进行当面对质或者采取其他类似的手段，他们自然没办法让他吐出那个人的名字。拷问尽管可以让一个人成为骗子,但是却没办法让他成为预言家。

皮亚扎坚持他的供词。这就是您要说的吗?莫拉叫道。是的,这就是我要说的,这就是真相。这个可怜的被告重复道:我落到这一步全是因为您,您很清楚,您是在作坊门槛那里告诉我这些事的。莫拉或许本来还抱有一丝希望,在辩护律师的帮助下,他能还自己一个清白,然而现在他预见到新的拷打会从他嘴里撬出新的供词,甚至没有力气再去用真相反驳谎言。他只会说:耐心一点!发发慈悲吧,我要死了。

他们的确很快就把皮亚扎带走了,然后要求他:现在就说出真相。他刚一回答:大人啊,真相我已经说了。他们便威胁他要给他用刑。拷问应始终在不影响已经被证实和供认的事实的前提下实施,而非相反。这是一句走程序的话,但是把它用在这里表明判罪的狂热已经多么彻底地剥夺了法官们的思考能力。关于用从帕迪亚那里得来的金钱去教唆皮亚扎犯罪的供认,怎么可能不与关于为了用预防性油膏赚一点小钱而受皮亚扎教唆去犯罪的供认相抵触呢?

他被用了刑,很快便承认了专员说的每一件事,但是对法官们来说,这些还不够。于是,他说事实上帕迪亚建议他配制一种能涂在门上和锁上的油膏,并承诺他想要多少报酬,就给他多少报酬。

我们其他人没有对油膏的恐惧,没有对涂油者的愤怒,也没有其他什么需要安抚的怒气,可以毫不费力、明明白白地看到这样一份供词是怎么得来的,从何处产生的。但是,如果有必要的话,我们也有做出这份供词的人的声明。在帕迪亚的辩护律师所能收集到的许多证词中,有一份是属于上尉塞巴斯蒂亚诺·戈利尼(Sebastiano Gorini)的,当时他(不知为何)在同一所监狱里,并常常和卫生署检察长的一位仆人聊天,后者被派去看管那个不幸的人。上尉的证词如下:"那个仆人在理发师刚被从审讯室带回来的时候对我说:'大人您不知道吗?那个理发师刚刚和我说,他在审讯里供出了堂乔万尼大人的名字,就是卡司德亚诺大人的儿子。'我听到他这么说,惊得目瞪口呆,然后对他说：'是真的吗？'那个仆人对我重复了一遍是真的，但犯人也真的声称自己不记得到底有没有和某个西班牙人说过话，如果他们把堂乔万尼大人带到他面前，他可能也认不出来。那个仆人补充道：'我问他那为什么要给出那人的名字？他说那是因为他在那里听到有人提了这个名字，就把他听到的一股脑儿说了出来，或者他是随口说的。'"这一份证词对帕迪亚十分有利（感谢上帝）。但是我们要相信那些法官吗？既然他们安排了，或者说听任那个如此活跃、如此有调查精神的检察长的仆人去看管莫拉，难道会很久以后才偶然从一个目击证人那里听到这些无比真实的话（而且这些话恰恰是在他们用痛苦逼出了那份奇怪的供词之后，在毫无希望的情况下说出来的）？

抛开其他事情不谈，甚至法官们都觉得米兰理发师与西班牙骑士之间的关系不合常理；于是他们询问理发师，中间人是谁？一开始他说是一个侍从，有如此这般的长相和衣着，但他们一再逼问此人姓甚名谁，他只好说：是堂皮埃特罗·迪·萨拉戈萨（don Pietro di Saragoza）。至少这是一个无中生有的人。

他们随后（在莫拉被处决后）又做了更细致、更固执的搜查。他们审问士兵和官员，包括城堡司令官本人和帕迪亚父亲的继任者堂弗朗西斯科·德·巴尔加斯（don Francesco de Vargas），他们谁也没听说过这个堂皮埃特罗。最后，他们在市政监狱里找到一个名叫堂皮埃特罗·贝尔德诺（Pietro Verdeno）的人，此人来自萨拉戈萨，犯了盗窃罪。这个人在审讯中说案发当时他正在那不勒斯；他被用了刑，但坚持了自己的说法；之后就再没有人提起堂皮埃特罗·迪·萨拉戈萨了。

面对层出不穷的新问题，莫拉补充说他随后向专员提议犯罪，他也为此从一个他自己不知道是谁的人那里得到了报酬。他当然不知道，但是法官们却想知道，这个可怜的人再一次被用了刑，不幸的是，这一次他指控了一个真实存在的人，名叫朱利奥·桑圭内蒂（Giulio Sanguinetti），是一名银行家。"这是那个惨遭折磨的人想起来的第一个名字。"[6]

至于皮亚扎，他始终坚称没有收到过钱；他们又问了一遍，他马上改口说收到了。（或许读者们比法官们记得更清楚,当他们去搜查他家时,找到的钱比在莫拉那里找到的还少,也就是一分没有。)于是他说他是从一个银行家那里拿到钱的;他没和法官说这个人是桑圭内蒂,他说了另一个名字:吉罗拉莫·图尔科内(Girolamo Turcone)。这两个人和他们的几个代理人都受到了拘捕、审讯和拷问,但是他们坚决否认一切,最终得到释放。

7月21日,皮亚扎和莫拉被当面宣读了审判重启后的法律文书,并再次得到了为期两天的辩护时限。这次两个人都选了辩护律师,可能是听从了那些法庭正式派遣给他们的律师的意见。同月23日,帕迪亚被捕。也就是说,正如他在辩护词中所声明的那样,骑兵队委员长通知他,斯宾诺拉命令他去波玛特城堡监狱报到。他照做了。他的父亲也出席了辩护,并通过副官和秘书正式要求暂缓执行莫拉和皮亚扎的判决,直到他们与堂乔万尼对质。他得到回答:"无法暂缓判决,因为群众的呼声太高了[……]"(这是一度被人们称作煽动仇恨的群众狂热[civium ardor prava jubentium][7],只有在这种情况下,他们才能在做出这种事的时候不用公开宣扬对法律卑鄙而残忍的尊敬。因为现在的问题是执行判决，而不是判决本身。但群众是在那个时候才开始叫喊的吗？还是说法官终于注意到他们的呼声了呢？）"〔……〕但万望堂弗朗西斯科大人少安勿躁，因为像这两人一样的败类是不会损害堂乔万尼大人的声誉的。"而这两个"败类"的证词是互相矛盾的！同时法官们还多次称之为真相！他们在宣判的同时下令，在被判罪后这两个人还要就同伙的问题再受一遍拷问！他们的证词引发了其后的一连串拷问，坦白和处决还不够，甚至还有未经认罪便被执行的处决！

"就这样，"秘书在结束证词时说道，"我们回到卡司德亚诺大人那里，向他悉数报告发生的事情，他没有说什么，但显得怏怏不乐，情绪十分激动，以至于在几天之内丢掉了性命。"

根据那地狱般的判决，两人被关入一辆马车押赴刑场，沿途受烙烫之刑；他们的右手将于莫拉作坊前被砍下；骨骼将被车轮碾碎，身体将在存活状态下被绑缚于辐条上，六个小时过后，两人将被从地上抬起并处以死刑，其尸体将被焚烧，骨灰将被倒入河中；莫拉的房子将被拆毁，在其废墟之上，将立起一根象征耻辱的柱子；此地永远不得修建任何建筑物。如果还有什么能够增强这种恐怖、愤怒和同情交织在一起的感情的话，那便是看到这两个可怜人在听完这样的判决后，确认了他们的供述，甚至增添了很多内容，原因与他们被强行逼供时如出一辙。逃脱死亡的希望还没有破灭，更别说是这样一种死亡。这可怕的判决几乎使酷刑的暴力都变得十分轻微了，然而酷刑是眼前不可避免的事情。它让他们一再重复之前的谎言，并检举了很多新的人。这样，运用免罪和拷打，法官们不仅可以使无辜之人惨死，还能按他们的意思让这些人作为罪人死去。

在帕迪亚的辩护词中，我们发现了一条算得上令人宽慰的信息，就在这两个人刚刚被判死刑，且再无权抗辩的时候，有人为他们和其他人做了无罪申明。不久前提到过的那位上尉作证说，他在皮亚扎被带去的小礼拜堂附近，听到了他的声音："他一直在哀号，说他是冤死的，而且是在免罪的情况下被杀害的。"他拒绝了两名嘉布遣修士行使他们的职责，他们来是为了让他像一个基督徒那样死去。"至于我，"他补充道，"我意识到他还怀着指控可以被撤销的希望。于是我向专员走去，想着为他做件好事，说服他在上帝的恩典中平静地死去；实际上我做到了，因为神父们没有像我那样抓住要点，我向他保证我从来没有见过，也没有听说过参议院在判罪之后撤销类似的指控［……］我说了那么多，他终于安静了下来［……］安静下来之后，他叹了几口气，然后说他错误地指控了许多无辜的人。"他和莫拉随后在神职人员的帮助下，起草了一份声明，正式撤销了他们或因希望或因痛苦而作出的指控。两人都经受了那场漫长的、一连串种类不同的死刑。他们身上有一股力量：在那些被对于死亡的恐惧和痛苦战胜了许多次的人身上，在那些并非死于伟大的事业，而是因一场悲惨意外、一个愚蠢的错误、几个简单低级的骗局而死去的人身上，在那些变得声名狼藉、永世留在黑暗里、在面对公开辱骂时除了一遍遍被自己怀疑和否定的清白之外再没有什么能与之对抗的人身上，在那些（想起这些令人难过，但是难道能不去想它吗？）曾有过一个家和有妻子儿女的人身上，就蕴含着这种力量。如果一个人不知道什么是顺从，他是无法理解这种力量的：这种天赋使人在人类的不公正中看到上帝的公正；在任何刑罚中，看到他不仅将被原谅还会受到嘉奖的保证。这两个人直到最后一刻，直到被绑在轮子上，还在一刻不停地说，他们愿意为自己真正犯下的那些罪行受死。他们接受了无法拒绝的事情！对于那些看问题只注重其物质性的人来说，他们此番话毫无意义，但对另一些人来说，这番话却有十分清楚而深刻的含义。他们能想到，或者无需思索便能明白，一个决定中最困难、最重要的部分是说服心灵，而同样困难、同样重要的是使意志顺服，无论结果是否取决于此，无论这种结果是达成一致后的产物，还是做出的抉择。

那些无罪申明也许使法官们的良知受到了折磨和刺激。可惜的是，他们却能否认其中最确凿，或者最不切实际的一部分；他们逼着那些人指控自己，而无罪申明显示出他们中的很多人没有丝毫过错。在其余的庭审记录里，就像我们说过的，我只会挑几份来讲，这是为了给帕迪亚的审判做铺垫；从犯罪的重要性来看,他是最主要的;从程序和结果来看,他是用来对比其他所有审判的基石。

第 6 章

那两个不幸被皮亚扎和莫拉先后指控的磨刀工人在 6 月 27 日被捕,但是他们从来没有和两个人中的任何一个当面对质过,也没有在 8 月 1 日的判决被执行前接受过审讯。8 月 11 日,首先是做父亲的那位被提审,第二天,他受到了拷问,理由依然是他的供词里有自相矛盾和不真实的地方。他坦白了,也就是像皮亚扎那样,在现实的基础上凭空捏造了一段故事。他们像蜘蛛一样,把丝线的一头粘在一个固定的东西上,然后就在空中工作。他们从他那里搜出了一罐安眠药,那是他的朋友巴鲁埃罗给他的,或者说在他家现场配制的。他说那是一种能夺人性命的油膏,是一种蟾蜍和蛇的提取物,以及一些搞不清楚是什么的粉末。除了巴鲁埃罗,他还把几个谁都认识的人指控为同伙,并称帕迪亚是他们的头目。法官们想把这个故事和他们已经杀掉的那两个人的故事合在一起,于是便要求他说明是否从那些人那里收到了油膏和钱。如果他只是简单地否认,他们就可以给他用刑,但他给出了一个始料未及的回答,没有让他们得逞,他说:大人,不是，这不是真的，但是如果诸位因为我否认了这个而给我用刑，我就不得不说它是真的，虽然它不是。他们再也不能用这种他们被严肃告知一定会产生效果的方法做实验，同时又不明目张胆地愚弄法律和人性了。

犯人被判处以同样的方式执行死刑；判决被宣读后，他再一次遭受了拷打，指控了另一位银行家和其他一些人；在小礼拜堂里，在刑场上，他又将这些指控悉数撤销。

如果皮亚扎和莫拉曾说过这个倒霉鬼不是什么好人的话，从审判过程中发生的一些事情来看，他们的话并非纯粹是诬陷，但这些话却并不适用于他的儿子贾斯帕莱；虽然他也被提到与一桩丑事有牵连，但那是他自己提起来的，而且在那种时候，处于那种感情之下，他觉得这件事反而能证明他的清白，也能证明他这一生如何光明磊落。在被拷问时，面临死亡的威胁，他说出的话比一个坚强的人说出来的话更好，那是一个殉道者会说的话。他们没办法让他诽谤自己，也不能让他诬陷其他人，只好宣判他有罪（不知道用了什么借口），在宣读判决后，他们像往常一样，问他是否有过其他罪行，以及在这桩他被判刑的罪行中，谁是他的同伙。他就第一个问题回答说：我既没犯下这桩罪，也没有其他的罪行，只是有一次我在盛怒之下朝一个人眼睛上揍了一拳，我现在就要因它而死。就第二个问题，他说：我没有同伙，因为我一直专心做自己的事情，而如果我没有做过那些事，我也就没有同伙。他们威胁要给他用刑，他说：大人，您可以做您想做的，我永远不会承认那些我没做过的事情，我也永远不会给我的灵魂判罪，忍受三四个小时的酷刑总要好过在地狱里受永恒的折磨。他被用了刑，马上叫喊起来：大人啊！我什么也没做，我是被人害了。然后他补充说：这些折磨很快就会过去，而在另一个世界，它们永远不会停止。施刑程度一级一级加重，直到最后一级，同时，法官们不停地命令他说出真相。他始终回答：我已经说了，我想保全我的灵魂，我说过不想让我的良知背上重担，我什么也没做。

　　这里我们不由得想到，如果同一种情感让皮亚扎也能这样坚贞不屈，可怜的莫拉可能还会平安无事地待在他的作坊里，待在他的家人之间。和他一样，这个年轻人比起被同情更值得被称赞，而且其他许多无辜的人甚至根本想象不到他们逃脱了何等可怖的命运。而他本人，谁知道呢？要想在他没有认罪的情况下凭借那几条证据给他定罪，再加上这桩罪行如果除开几个人的供述，仅是一个猜测，那就得更公然、更大胆地违反法律的每一条规定。无论如何，他们也不能让他以更残忍的方式被处死了，但他们至少不能让他和另外一个人一起受苦，那人看着这个人，一定会时时刻刻对自己说：是我把他带到这里来的。软弱是许多恐怖事件的源头……怎么说呢？他们执迷不悟，背信弃义，把找不到罪人看成一场巨大的灾难，一场溃败，于是便用虚情假意的非法承诺来诱惑这种软弱。我们在上文提到过向巴鲁埃罗许下相似承诺的正式法令，我们也说过想看看这次法官们与他达成的协议有什么不同。因此我们现在也简单讲一下这个可怜人的故事。这个人先是被皮亚扎无中生有地指控为莫拉的同伙，然后又被莫拉指控为皮亚扎的同伙；然后两人都诬陷他收了钱往墙上涂那种莫拉用各类污物和更糟糕的东西制作出来的油膏（他们一开始还作证说对此一无所知），后来他被米伊亚瓦卡指控说他自己用一些比污秽物还糟糕的东西制作了油膏。他因为所有这些事情被起诉，仿佛它们共同构成了一桩罪行。他否认指控，并勇敢地挺过了拷问。当他的官司陷入僵局时，一位神父（他是帕迪亚提到的证人之一）受巴鲁埃罗的一个亲人之托，把他的案子委托给了一位参议院里的律师。律师随后对神父说，委托人已被判死刑及附带的那些残忍的折磨；但是与此同时，"参议院愿意为他向总督阁下争取免罪"。它让神父去找犯人，并尽力说服犯人说出真相。"因为参议院想从他那里了解这桩交易的底细，他应该对此知情。"而这是在巴鲁埃罗被宣判有罪、被判了死刑之后！

巴鲁埃罗听到这个残忍的消息和相关提议，开口说道："然后他们就会像对待专员那样对待我吗？"神父说他认为这份免罪承诺是真的，于是巴鲁埃罗便开始编故事：曾经有一个人（他现在已经死了）去过理发师那里，他掀开房间里一面墙上的帘子，一扇门露了出来，他从那里走进一座大厅，大厅里坐着很多人，其中就有帕迪亚。神父没有搜寻犯人的任务，在他看来，巴鲁埃罗讲述的这些事情十分奇怪。他打断了他，同时告诫他切不可将身体和灵魂一同丢弃，之后便离开了。巴鲁埃罗接受了免罪承诺，改进了那个故事，并在 9 月 11 日对法官们讲到有一位剑术大师（可惜还活着）曾对他说有一个致富的好机会，要他去为帕迪亚办一件事；然后剑术大师把他带到了城堡的广场上，帕迪亚在其他一些人的陪同下去了那里，他当即要求他加入他旗下涂油者的行列，以便报复堂贡扎罗·德·科尔多巴[1]在他离开米兰时对他的侮辱；帕迪亚给了他一笔钱和一只装着那种致命油膏的小罐子。我得说在这个我们只讲了开头的故事里，也许有些不真实的成分。读者也能在这一小段里看到，这应该不是单纯的叙述，而是一大堆传闻的堆砌。不过法官们也觉得这个故事太假，而且其中还有很多自相矛盾的地方。因此他们问了他几个问题，相应的回答使得整个故事更加令人摸不着头脑，他们对他说：解释得更详细一点，这样才能从中挖出真实的事情。也许他不顾一切地想摆脱困境，或者他由于种种原因发了狂，那时他浑身颤抖，扭着身子大喊救命，在地上打滚,并试图藏到桌子底下。他们安抚了他的情绪,让他平静下来,并引导他开口说话;他讲了另外一个故事,其中涉及巫师、咒语和被他认作主人的恶魔。我们只需要了解这里面有些新的情况,他收回了那个报复堂贡扎罗的侮辱的说法,转而说帕迪亚的目的是统治米兰;并且帕迪亚许诺让他加入上等人的行列。问过几个问题之后,这场徒有其名的审判就结束了。在那之后,又进行了另外三次审讯,审讯中他们说他的故事不像是真的,这类事情没什么可信度。他可能回答,的确,他在第一次审讯时没有说出真相,或者作了其他的解释。审讯官们至少五次把米伊亚瓦卡的证词甩到他面前,该证词指控他把油膏给了很多和他一样的人,让他们去到处涂抹。他的证词里没有提及这些人。他一直说这不是真的,而法官就常常问他别的问题。读者们还记得,他们在确信皮亚扎的证词有假时,便威胁他要收回免罪承诺;也还记得皮亚扎怎样在他的证词上添油加醋,怎样把莫拉牵扯进来,后者又怎样否认。他们确实撤销了他的免罪承诺,因为他没有像他承诺的那样说出全部真相。读者们会更清楚地看到，如果有必要的话，他们宁可欺骗总督，也不想请他批准授予免罪的权力。他们基于皮亚扎的话，口头上给了他一个承诺，而他则是最新一批献给法官和群众的狂热的牺牲品。

难道我们要说，正确的做法是保留那份免罪承诺吗？上帝啊！那就好像是在说他的证词都是真的。我们想说明的只是它被十分粗暴地撤回了，就如同当初许下它是违反了法律一样，而前者不过是后者的手段。另外，我们必须再说一遍，他们在自己选择的这条路上做不出任何正确的事情，除非他们趁为时不晚原路返回。他们没有权力把那份免罪承诺卖给皮亚扎（暂且不提这些权力的缺陷），就好像强盗没有权力把生命卖给长途跋涉者一样：他们应该做的是不去打扰他。它是对一场非正义拷问作出的非正义补充：二者都是法官们所愿、所想、所研究的，而不是符合规定的。我并非因为理智、正义和同情才这么说，我这么说是因为法律：他们应该核实真相，让那两个提出指控的女人给出一个解释，如果她们的行为能称得上是指控而非猜测的话；然后让被告（如果能说是被告的话）去解释它，再让此人和那两个女人对质。

巴鲁埃罗的免罪承诺究竟有何结果，我们无从得知，因为他在 9 月 18 日便死于瘟疫，也就是在和剑术大师卡罗·维达诺（Carlo Vedano）进行了不光彩的对质之后的第二天。但是他在感到死期将近时，对一个看守他的狱卒说了如下一番话，这个狱卒是帕迪亚提到的另一名证人。"'请您帮我个忙，告诉市长大人，所有对我的控告都是错的，我没有从卡斯德亚诺大人的儿子那里收过钱［……］我现在十分虚弱，就要死了，我希望那些被我诬陷的人能原谅我，如果我康复了，也请您行个好，告诉市长大人这些事。'然后我马上，"狱卒补充说，"去找了市长大人，把巴鲁埃罗告诉我的事情一五一十地讲给他听。"

撤回指控或许的确对帕迪亚有帮助。但是维达诺——虽然到目前为止他只被巴鲁埃罗一个人指控过——依然在同一天受到了残酷的折磨。他始终没有屈服，然后他们就放过了他（这意味着把他关进监狱里），直到来年 1 月。在所有不幸之人中，他是唯一一个真正认识帕迪亚的，因为他曾在城堡里和他击过两次剑；这个事情给了巴鲁埃罗灵感，他就这样把维达诺编到了故事里。但是巴鲁埃罗没有指控他制作、涂抹或者传播致命油膏，而是说剑术大师是他和帕迪亚的中间人。这样一来，法官们就不能既凭这个判他有罪，而又不累及那位大人的案子，可能就是这一点最终救了他，他在帕迪亚的审讯之前没有再被审问过。而帕迪亚的案子取得免诉也使他被一并免诉。

1631年1月10日，帕迪亚从他调任的皮齐戈多内城堡被引渡至米兰，关在法庭庭长的监狱里，他在同一天接受审讯。如果需要一个证据来证明这些法官也可以在审讯时不行骗、不说谎、不使用暴力、不无中生有地认为供词有诈，而是满足于理性的回答，而且在这样一桩有关毒油膏的案子里都能承认一个被指控的人可能会说出真相（即使他连连否认），那么读者在这场和另外两场针对帕迪亚的审讯里就可以看到证据。

莫拉和巴鲁埃罗是仅有的作证说与他进行过会面的人，他们也给出了会面的时间，前者给出的比较模糊，后者提供的则要精确得多。于是法官们问帕迪亚什么时候去了军营,他说白天;问他是从哪里出发的,他说从米兰;问他是否在休息时回过米兰,他回答只回过一次,回去只待了一天,以及是怎样度过的。那两个倒霉的人编出来的时间都和这个对不上。于是他们不带一点儿威胁、彬彬有礼地对他说,可否再回忆一下是否在这个或那个时候来过米兰。他两次都说没有,同时一再重复他最初的回答。法官们开始询问人物和地点。问他是否认识一个名叫丰塔纳(Fondana)的炮手,维达诺的岳父。巴鲁埃罗指控他是参与初次会面的人中的一个。帕迪亚回答说认识。问他是否认识维达诺,回答说也认识。问他是否知道维特拉市民街和六个强盗酒馆在哪里——莫拉曾说他就是在堂皮埃特罗·迪·萨拉戈萨的带领下来到这间酒馆与帕迪亚会面的,而后者向他提议用毒物污染米兰。帕迪亚回答说他不知道那条街,没听说过那家酒馆,也不认识那个人。他们问他有关堂皮埃特罗·迪·萨拉戈萨的事情。他说他不仅不认识这个人,也不可能认识他。他们又向他问起两个穿着法式服装的人和一个打扮成神父模样的人,巴鲁埃罗曾说帕迪亚和这三个人一起去了城堡的广场参加会面。他说不认识这样的人。

在第二次，也是 1 月的最后一次审讯时，他们问起莫拉，问起米伊亚瓦卡和巴鲁埃罗，并问起他跟他们的会面、他支付的报酬和许下的承诺；但是他们还没有向他提起所有这一切指向的阴谋。他回答说他和这三个人从来没有什么关系，甚至没听说过他们；他又一次说他那时不在米兰。

三个多月之后，所有的调查已经山穷水尽，正如事情本来应该的那样，他们连最微小的证据都没有挖出来。参议院凭叙述事实判处帕迪亚有罪，向他公开了庭审记录，并给了他一个辩护的期限。该项判决生效后，5 月 22 日进行了最后一次审讯。法官们先就各项指控快速提了几个问题，帕迪亚始终否认指控，而且否认得十分强硬。之后他们陈述了案情，也就是说向他挑明了那个疯狂的故事，甚至把两个版本都讲给他听了。在第一个版本里，他在六个强盗酒馆附近让理发师莫拉去制作油膏，并拿着它去到处涂抹，作为报酬，给了他很多多比亚（doppia）[2]，而堂皮埃特罗按照他的命令随后把理发师派到了几个银行家那里去领取其余的报酬。比起另一个版本,这个还算合理。在另一个版本中,被告大人在城堡的广场上叫住了斯特凡诺·巴鲁埃罗,对他说:早上好,巴鲁埃罗先生,我一直想和您谈谈。几句客套话之后,帕迪亚给了他二十五个大威尼斯杜卡特(ducatoni veneziani)[3]和一只装有油膏的罐子,对他说这罐油膏是在米兰制作的,但是还没完成,需要他去找一些蜥蜴和蟾蜍,以及一些白葡萄酒,把这些全部放进一口锅里,然后让它慢慢煮沸,以便让这些动物带着怒气死去。和帕迪亚一起的还有一位神父,巴鲁埃罗叫他"法国人",他召唤出了一个有着人的模样的穿着长裤的东西,并让巴鲁埃罗把他认作主人,在这个人消失后,巴鲁埃罗问帕迪亚他是谁,对方回答他说是魔鬼。还有一次,他给了巴鲁埃罗另一笔钱,并承诺如果他干得好,就把他留在自己身边。

关于这一点,维里(有时过于偏执的意图也可以让最高贵的智识判断失误,即使是在它亲眼所见之后)总结道:"这是一连串对卡斯德亚诺儿子不利的证词,虽然这全是其他受审人的谎言(即莫拉、皮亚扎和巴鲁埃罗这三个不幸的人,他们受酷刑所迫践踏了一切真相），但它却成了这桩无耻至极的罪行的基础。"[4]然而读者明白，即使维里本人这么说，三人中两人说谎都是因为受到了免罪承诺的诱惑，而非暴力的逼迫。

帕迪亚听完这段冗长、卑鄙的话后，开口说道：在大人您对我提到的这几个人里，我只认识丰塔纳和泰纽涅（Tegnone，维达诺的译名）；至于大人您刚在庭审记录里读到的他们说的话，是这个世界上绝无仅有的假话和谎言。绝没有人会相信一个像我这样的骑士能做出无耻的行为，我甚至连想都不会想。我对上帝和圣母玛利亚发誓，如果这些事是真的，他们现在就使我身败名裂；我希望上帝能让我揭露这些人的谎言，也让真相大白于天下。

他们再一次要求他说出真相，这次只是走程序，他们并没有坚持，他们对他宣称参议院的法令规定制作和传播毒油膏、募集同党即为有罪。我很惊讶，他回答道，参议院已经发觉此事不外乎纯粹的骗局，竟然还是作了如此重大的决定，这不仅是欺骗我，更是欺骗司法体系。这是怎么回事？我这种身份的人，一生都在效忠国王陛下，一生都在保卫国家，我的祖祖辈辈都是如此。我有那么多事情要做，怎么会去考虑这种让他们也蒙羞的东西呢？我再说一遍，这些都是谎言，是对一个人前所未有的严重诬陷。

听到一个无辜的人在震怒之下说出这样的话，无疑大快人心。但是想到在同样一批人面前，一个无辜者感到恐惧、困惑、绝望，谎话连篇，甚至不惜诬陷他人，而另一个无辜者则无畏、坚定、刚正不阿，却同样被判了罪，这不能不令人胆寒。

帕迪亚被免诉了，虽然具体时间无法确定，不过肯定是一年之后，因为他的最后一次辩护是在1632年5月。当然，免诉并不能等同于赦免，但是这样一来，法官们不就自己宣布了他们判处的所有罪行都是不公正的吗？因为我不太相信在这次免诉之后，他们还判过别的罪。在承认帕迪亚没有为那些无中生有的涂油行为支付报酬的同时，他们是否也回忆起了那些被判处为此从他那里收钱而犯罪的人呢？他们是否记得曾对莫拉说过，这个动机比起那个他创造条件卖自己的药方，让专员行权职之便的动机要更加合理呢？他们是否记得，在之后的一场审讯里，莫拉坚持翻供的时候，他们对他说：这就是真相；而后他在与皮亚扎的对质中依然否认时，他们就用刑让他招供，然后再给他用刑以使供词具有法律效力。从那之后，整场审判都沿着这个假设进行，这个假设或直接或隐晦地出现在他们的每一个问题里，在每一个回答里得到证实，就好像它是最终被发现、被核实的罪因，就好像它是皮亚扎、莫拉和其他被判了罪的人真正为之犯罪的唯一一件事。在最初的两个人被执行死刑的几天过后，司法部长在参议院的授意下颁布了一纸告示，评价他们："难道说这种渎神的行为已经过分到为了金钱背叛自己祖国的地步了吗？"他们对这一切是否有印象？而眼见这个动机也终于站不住脚了（因为在这次庭审中，除了和帕迪亚有关的那笔钱之外，他们没提其他的钱），他们会想到此桩罪案除了供述之外并无其他证据，而且这些供述也全部在临终圣事和死刑之间被撤回了吗？这些供述难道不是一开始就互相矛盾，现在又被人发现与事实相悖吗？总之，他们在最终判定头目无罪、免予起诉的时候，意识到曾经把许多无辜的人判为他的同伙了吗？

然而，至少在公众视野里，审判的遗迹还是留下来了：在那些被判有罪的人家里，父亲们身败名裂，孩子们也骤然间成了孤儿，被异常残忍地合法遗弃了。至于法官们心里面想的事情，谁又能知道哪些新的论点会被搬出来支撑他们有意为之而且能与证据强力对抗的骗局呢？我还得说这是一个变得前所未有的珍贵的骗局，因为如果之前承认无辜者的清白会让法官们失掉判罪的机会，那么现在他们就会发现自己的罪孽有多么深重。还有那些欺骗、那些违法的行为，他们明知道自己已经犯下，但仍希望通过发现残忍和极度危险的罪犯来相信自己的正确性。这些行为不仅会以它们欺骗和违背法律的掩饰、丑恶的姿态再次出现，而且还会作为一个穷凶极恶的杀人犯的制造者出现。最后，这是一个被权威维持、强化的骗局。它始终很强大，但常常是假的，而且在那种情况下奇怪地具有迷惑性，因为它在很大程度上不是在法官们本人的权威上建立起来的：我想说的是群众的权威，这种权威声称法官们是一群睿智、热情、勇敢的人，是祖国的复仇者和保卫者。

耻辱柱于 1778 年被拆除；1803 年，原址上建起了一所房子，同时拆掉了卡特琳娜·罗萨居住过的连廊。

"残酷的女神从瞭望台上"[5] 奏响了这场大屠杀的惨叫：因为除了记忆之外，什么都没有留下，无论是可怖的后果，还是卑鄙的起因。在维特拉街靠近提契诺门那一侧的出口，是那一户酿成大错的人家，在同一条小路左边的那片地方，曾经住着可怜的莫拉。

如果读者们愿意继续跟随我进行最后一点调查，就可以看到一场如此轻率的审判——在法庭上为所欲为过后——是怎样用它们的手段继续在书本里作威作福的。

第 7 章

在许多与此事件同时代的作家里，我们选出了唯一一个既不晦涩难懂，又没有完全受当时大众观念影响的人：朱塞佩·里帕蒙蒂，我们已经在《约婚夫妇》里多次引用过他的话。我们觉得他可能是专政时期的一个奇怪现象的缩影，即主流意见的影响经常在其异见者的话语里流露出来。里帕蒙蒂不仅没有明确否定那些可怜人的罪行（在维里之前，任何一部面向公众的作品都没有这么做），还不止一次明确表示希望肯定这一点；因为他在谈论皮亚扎的第一次审讯时，用"狡黠"一词来描述他，而在形容法官时却说他们"谨慎精明"。他写道："他说了很多自相矛盾的话，反而在想否认的时候泄露了他的罪行。"关于莫拉，他的意见相差无几："他在还能忍受拷打时总是否认一切罪行，最终才说出事情原本是怎样的（exposuit omnia cum fide）。"与此同时，他试着表达相反的意思，他非常隐晦、蜻蜓点水般地暗示了几个最重要的案情上的疑点，他在适当的时候用只言片语引起读者的思索，让被告说出几句比他所认为的更能显示自己无辜的话，以此表明他对无辜者的同情。他谈到在莫拉家里找到的那口锅:"它令人印象深刻,这可能是一个与此案无关、偶然出现在那里的东西,另外它也很恶心,也许让人觉得这就是他们在找的东西。"他又谈起第一次对质的场景:莫拉"祈求上帝的公义来对抗谎言,对抗这无耻的构陷,对抗这任何一个无辜者都可能失足掉落的陷阱"。他把莫拉称作"一个家庭里不幸的父亲,在不知情的情况下让他和他的家人名声扫地,给他们带来了灭顶之灾"。我们方才说过的那些有关帕迪亚的免诉和其他人的判罪之间的矛盾的思考,以及那些没来得及讨论的思考,都被里帕蒙蒂用一个词总结了出来。"涂油者们不管怎样都被惩罚了(unctores puniti tamen)。""不管怎样"这个副词,或者这个连词能说明多少问题!他又补充道:"如果此等残暴的死刑在人们心中的可怕程度超过了那桩罪行的话,那么这座城市理应为此感到恐怖。"

但是他的感情表露得最明显的地方,是他宣称不愿意谈及的地方。讲过几个人被怀疑为涂油者的案子之后,他没有再跟进后续的审判。"我感到,"

他说，"我正在迈出艰难而危险的一步，我得说，除了那些被诬告为涂油者的人，我相信涂油者是真实存在的［……］困难并非来自事情的不确定性，而是来自我不能像读者从每个作家身上期待的那样放开手脚，表达内心真实的感情。因为如果我说涂油者不存在，人们毫无道理地想象出了那些人所犯下的天理难容的恶行，那么马上就会有人大喊大叫说这个故事是亵渎神明的，它的作者根本不尊重神圣的法律。许多彼此相反的观点在人们的头脑里扎下了根，民众仍和往常一样轻信，而高高在上的贵族又没准备好把它当成他们最珍贵、最神圣的东西去捍卫。让自己四面受敌会是一件既艰辛又无用的事，因此，我不否定，也不确认，也不在两件事之间权衡，我只限于引用他人的观点。"[1] 对一件事避而不谈是最理智、最简单的做法，没有任何人会对此提出质疑。要知道里帕蒙蒂是这座城市的史官，也就是说他属于那一类在某种情况下会奉命书写，或会被禁止书写历史的人。

另一位活动范围更广的史官，威尼斯人巴蒂斯塔·纳尼[2]，在这种情况下，本来没有任何因素可以影响他讲述虚假的事实,然而他却在一篇铭文和一座纪念碑的权威性的引导下对此事深信不疑。"如果它确确实实,"他写道,"是人们在恐慌之下想象的产物,那很多东西也就只存在于想象之中,可是无论如何这桩罪行已经大白于天下了,犯人也得到了惩处,在米兰仍然可以看到那些铭文和被夷平的房子的遗迹,那些恶人就是在那里聚会的。"[3]如果不了解这位作家的其他情况,读者可能会把这段论证当成自己的判断标准,可是这样一来便会大错特错。他在一些重要的出使驻外任务和内务活动中,本来有机会了解这些人和事,然而他的故事却证明他没有这么做。然而那些刑事审判和那些可怜的人们,若他们为数不多,则不会被当作故事的叙述材料,因此纳尼只是偶然谈到了这件事,而没有详细叙述它,也就不是什么令人惊讶的事了。如果有人向他提到过米兰的另外一根柱子上的另外一篇铭文,把它当作威尼斯人接受战败的证据(这场战败就如同那些恶人的罪行一样真实),纳尼无疑会因此发笑。

令人更加惊讶也更加遗憾的是,一个名声更显赫且十分理性的人也在他的作品里提出了同样的论证和斥责，此人便是穆拉托利[4]。在《论瘟疫时期的政府》（*Trattato del governo della Peste*）一书中，他提到过几个相似的故事，随后说："但是从来没有一起案子能比发生在米兰的那起更著名。1630年传染病肆虐期间，有几个人遭到逮捕，他们供出了一桩惊天罪行，并受到了严酷的裁判。然而，有关这起案件的悲惨记忆留存在了耻辱柱上（我本人也亲眼见过），它伫立在那几个丧心病狂的恶棍曾经居住过的地方。其目的在于警醒世人，以便类似的恶行不致重演。"不过，可以看到，穆拉托利并不像他表述的这样对这件事深信不疑。这虽然不至于消除遗憾，但却能转变它。因为他随后讨论了（可以看到这真的给了他很大压力）一些可以从没有根据的想象中生发出的恐怖恶行。他写道："事情甚至发展到这样的地步，许多人被拘捕，迫于拷问供认了他们或许永远也不会犯下的罪行，并且随后在公开的刑场上被处死。"他难道不是在暗示我们的受害者吗？让我们更加相信这一点的是，他马上引用了我们在《约婚夫妇》中引用过的话。因为这句话只有寥寥数语，我们在这里再引用一遍："我在米兰遇到了很多明智的人，他们从长辈那里得到了很好的教诲，并不完全相信那些据说被涂抹在米兰全城，并在 1630 年米兰瘟疫中引发巨大混乱的毒油膏是真的。"[5] 我们不得不认为，穆拉托利宁愿去相信那些被称为"令人憎恶的场景"的情况是非常愚蠢的谣言，以及去相信（这要更严肃）那些被称为"丧心病狂的暴徒"的人是含冤赴死的无辜人。这是一种令人伤心又常常发生的情况，那些天性不会说谎的人为了避开某种有害的错误的暴力，同时害怕与它正面对抗会使局面更加恶化，就会相信最好先撒谎，以便日后能慢慢掺入真相。

在穆拉托利之后，我们找到了一位比他更加广受赞誉的历史学家，此人是一名身兼历史学家的法律顾问（也就是说，在这类事件里他的判断比其他任何人的意见都更有价值），用他自己的话说，他"比起政治家来，更像是法学家"[6]，他就是皮埃特罗·贾诺内，但我们不会引用他的观点。和我们引用过的内容相比，它没有什么价值：它就是读者刚刚才读到的纳尼的话，因为贾诺内一字不差地把它抄了过来，这一次在书脚标明了作者[7]。

我说"这一次"，因为摘抄而不标明作者是一件值得注意的事情，如果像我相信的那样，这件事还没有被注意过。[8] 举例来说，1640年，贾诺内所写的历史的第四卷中有关加泰罗尼亚叛乱和葡萄牙革命的部分便是从纳尼的书里抄来过来的，篇幅长达七页，几乎没有任何删减、添加或改动的地方。最值得注意的是他将本来是一体的原文分成了好几个段落和章节。[9] 但是谁能想到这位那不勒斯律师在他应该讲述另外的叛乱——不是发生在巴塞罗那的那场，也不是发生在里斯本的那场，而是1647年发生在巴勒莫，以及同年发生在那不勒斯的因其独特性和重要性，也因马萨尼埃罗（Masaniello）[10] 而更著名的那场——时，没有写出更精彩的文字，仅使用了那位圣马可骑士和律师的作品，何况他还不是借鉴素材，而是直接把纳尼作品里现成的段落拿了过来。尤其是读过贾诺内在故事开头写的那些话之后，谁会往这方面想呢？那些话是这么说的："许多作家都记录过这些革命中的悲惨事件：他们中有些人把这些事件描述得很惊人，甚至超出了自然规律,而另一些人则用过于烦琐的细节使读者分心,不让人干脆利落地了解真实的原因、谋划、后续进展和结局,因此,我们要去追随那些最严谨、最谦逊的作家,同时把他们的作品还原到客观真实的样子。"然而谁都可以看到,贾诺内在做过这番对比、说过这些话后,就从纳尼的文章着手,[11] 时不时把它拆成片段,尤其是在作品开头。有时他出于必要把自己的文字替换进去,就好像一个人买了二手床单之后,拆掉原主人的签名,再绣上自己的。如此,在那个威尼斯人写下"在那个国家"的地方,这个那不勒斯人就写下"在这个国家";在那个先来的写下"一些宗派近乎完整地留存了下来"的地方,这个后到的就写下"一些古老宗派的遗迹仍然流传至今"。确实,除了这些细微的添加和改动之外,在那个长长的章节里,也能找到来源更广泛的、不仅限于纳尼的片段,它们就好像是用针线拼凑起来的布片一样。不过,着实令人难以置信的是,皮埃特罗·贾诺内署名的《那不勒斯王国国民史》(*Storia civile del regno di Napoli*)在意大利内外得到了等量的阅读与赞扬,可是在这本书里他几乎全篇照搬了另一个人的作品，差不多一字不落。原文属于多米尼科·帕里诺（Domenico Parrino）[12]，他是一个（与其他很多人相反）文风晦涩的作家，但其作品广为流传，也许比他自己知道的还要广。因为，离我们提到过的那两个历史时期不远，在加泰罗尼亚和葡萄牙叛变之后，贾诺内从纳尼那里抄来了宠臣奥利瓦雷斯（Olivares）的免职事件，然后又从帕里诺那里抄来了此事的结果，即那不勒斯总督美迪纳公爵（duca di Medina）对他的召回，以及这个人为了尽可能晚地让位于他的继任者恩里克兹·德·卡布雷拉（Enriquez de Cabrera）所采用的计策。他继续从帕里诺那里抄来了大部分有关此人的政府的内容，然后从纳尼和帕里诺两个人那里拼凑出了阿尔克斯公爵（duca d'Arcos）政府的相关内容、巴勒莫和那不勒斯叛乱的前因后果与相应过程、堂乔万尼·达乌斯特里亚（D. Giovanni d'Austria）政府统治下的历史，以及与欧涅特公爵（conte d'Oñatte）相关的内容。他又从帕里诺一个人那里大篇幅地或者连着几小段地抄来了总督对抗比欧姆比诺（Piombino）和波尔多隆戈涅（Portolongone）的远征；

吉斯公爵（duca di Guisa）向那不勒斯宣战的企图；1656年的瘟疫。然后从纳尼那里抄来了皮雷内依（Pirenei）的停战协定，从帕里诺那里抄来了一个有关这份协定在那不勒斯王国造成的相关后果的附录。[13]

伏尔泰在《路易十四时代》中谈到国王在《奈梅亨和约》（La Pace di Nimega）之后，为决定他本人对邻国领土的要求而在梅斯和布里萨克设立的法庭时，在一条注释里盛赞了贾诺内。这在意料之中，不过伏尔泰把他称为评论家。这条注释翻译过来是这样的："凭借那本实用的那不勒斯史而名扬四海的贾诺内说这些法庭设立于图尔奈。他经常在不属于他国家的事情上犯错误，比如，他说路易十四和瑞士在奈梅亨签订了和约，然而瑞士是路易十四的盟友。"[14] 但是，不说赞扬的部分，这里的批评不应该指向贾诺内，就像在其他情况下那样，他甚至懒得犯错。在这个"名扬四海"的人的书里，人们可以读到："随后皇帝和最高统帅就签订了法国和瑞士的和约"（另外，我不确定这些话是没有把事情讲清楚，还是犯了错误）；以及法国人"随后设立了两个法庭，一个在图尔奈，一个在梅斯。他们窃取了一项闻所未闻的司法权，凌驾于邻国的原则之上，把它们判为了法国的附属国，他们开始逐步占领所有正好处在弗兰德和法国边界内的国家，强迫当地的居民把笃信上帝的国王认作自己的君主，他们划定界限，并执行通常是君主对百姓颁布的、领地范围内的所有法令"。但这些话是那个可怜的被忽视的帕里诺写的，[15] 他还没来得及把这段话从他书写的历史里删去，就带着它离开了。而且贾诺内常常不满足于待在那里一个一个地收集果实，他还要把树也拔起来，移植在他的花园里。可以说，整段有关《奈梅亨和约》的历史都是他从帕里诺那里抄过来的，就像他大篇幅地抄了帕里诺作品的结尾部分一样，即那段和约签订之前，洛斯·贝雷斯侯爵（marchese de los Veles）在那不勒斯领土上的历史。他遗漏了很多部分，但是没有补充。贾诺内把这一段用作了自己倒数第二本书的结尾。而且很可能（我几乎可以肯定），如有谁愿意就帕里诺的作品开头那段有关西班牙统治那不勒斯之前的历史做一个完整的对比，就会发现所有我们已经在不同段落里找到过的内容；而且，如果我没搞错的话，这个抄袭者一次也没提到过那个被他剽窃了如此之多的作者的名字。[16] 在萨尔皮[17]那里也是这样，贾诺内在完全没有提到他名字的情况下从他那里挪用了很多段落，甚至还有一整段离题的内容，[18] 这是一个博学而亲切的人让我去观察的。谁知道如果有人钻研一下，还会发现还有多少没被观察到的剽窃行为。但是我们看到的那些大面积的对其他作家的抄袭，抄的并不是对事件的分门别类，也不是评价、观察或者精神，而是书页、篇章和整部作品。在一位著名而广受赞誉的作家身上，这绝对是一个值得研究的现象。无论是因为才思枯竭，还是因为头脑懒惰，这都是很少见的，就好像这样的勇气也同样罕见一样。不过即使他做出了这种事情，他依然是一个伟大的人。我们借着这个机会发表了一番看法，还请好心的读者原谅我们在这一本小书的附属部分，做了这样一次长长的离题。

谁不知道帕里尼[19]以耻辱柱为题写就的片段呢？但是看到他甚至没有在这个片段里提到耻辱柱，谁又能不感到惊讶呢？

令人遗憾的是，这位著名诗人在那个片段中当了民众和铭文的传声筒，下文就是那个片段中的几行：

> 在那些破败的房屋和残砖碎瓦中，
> 我看到卑鄙的广场铺开在我眼前。
> 这里升起一根孤零零的柱子，
> 在衰朽的野草和乱石秽物间。
> 无人涉足此地，因为从那里，
> 伦巴第城市的守护神，
> 正对过往的行人高喊：走开！
> 哦，正直的市民啊，走开！否则这片
> 可憎的土地会用它的恶名将你侵染。

这真的是帕里尼的观点吗？我们不得而知。因为尽管他十分肯定地明确表达过这种观点，在诗中却没有相应的论据；因为当时公认的一点是，诗人有运用一切信念的特权，无论它们是真是假。它们也许能使人产生一种或强烈或愉快的印象。特权！保留人们的错误印象，让他们为此激动起来，是一种特权！但是就这个问题，我们得回应说，这样有害的事情是不可能发生的，因为没有人相信诗人说的话是真的。没有什么需要反驳的了。只是诗人会满足于这种许可和动机，似乎是一件很奇怪的事情。

最后，我们要请皮埃特罗·维里出场，他是147年后第一个看到并说出谁是真凶的人，他是第一个为这些被如此残忍地杀害，又被如此愚昧地憎恨的无辜者请求同情的人，这份同情越是应当，来得就越迟。但实际情况是怎样的呢？他的《论酷刑》写于1777年，然而直到1804年才出版，跟他的其他收录和未收录的作品一起被编进了一本名为《意大利政治经济学古典作家集》(*Scrittori classici italiani d'economia politica*)的书中。编辑在前言的"新闻"里解释了延迟的原因："人们相信，"他写道，"这一久远的不光彩的行为可能会威胁到参议院的声誉。"在那个时代，这是团结精神的再自然不过的结果。因为这种团结精神，每个人宁可把前人犯的错误凭空归到自己头上，也不愿意承认前人做了错事。现在，这种精神不会有机会延伸到久远的过去，因为几乎在整片欧洲大陆，新近出现了很多团体，只有少数例外（其中一个例外尤其突出，它不是由人类创建的，不能被废除，也不能被替代）。除此之外，这种精神前所未有地被个人主义精神削弱了：人们相信，"我"已经过于丰富，以至于不能被"我们"接纳。在这种情况下，个人主义精神是一种补救方法。愿上帝允许我们这么说：在所有情况下，个人主义精神都是一种补救方法。

无论如何，皮埃特罗·维里不是一个愿意为了展示真相而牺牲的人。对错误的确信使得真相尤为重要，而决心运用这种真相的意图则进一步加强了它的重要性。但是在一种情况下，他的顾虑是正确的，即这位著名作家的父亲是参议院院长。这样的事情发生过许多次，正义的道理会助邪恶的道理一臂之力，受这两方的影响，一个迟到很久才会出现的真相，之后又要被隐藏很长一段时间。

- 注 释 -

序 言

1 《约婚夫妇》(*I Promessi Sposi*)为本书作者曼佐尼创作的长篇小说,其中第31、32章的内容与本书有关。曼佐尼原计划将《耻辱柱的历史》作为《约婚夫妇》附录一起出版,所以本书将《约婚夫妇》称作"前文"(scritto precedente)。在本书中出现的所有"前文",译文均按《约婚夫妇》处理。——译注

2 曼佐尼在这里化用了一句拉丁语格言:"大山感到一阵产前的阵痛,生出来的却是一只可笑的老鼠(Parturient montes, nascetur ridiculus mus)。"语出古罗马诗人贺拉斯(Orazio)的《诗艺》(*Ars poetica*)。这句带有讥讽性质的格言意思是某些作家许诺写出一部巨著,最后却只出版了一本小册子。大约等同于中文的"雷声大雨点小"。——译注

3 皮埃特罗·维里(Pietro Verri, 1728—1797)是18世纪的意大利哲学家、经济学家、历史学家和作家,被视作意大利启蒙运动的先驱之一。他的《论酷刑》(*Osservazione sulla tortura*)写于1777年,开篇即是对1630年米兰大瘟疫期间发生的"涂油者"事件的叙述,他的叙述为《耻辱柱的历史》一书奠定了基础。——译注

4　Ut mos vulgo, quamvis falsis, reum subdere, Tacit. Ann. I, 39.

5　Verri, Osservazioni sulla tortura, § VI.

6　指西班牙城市圣地亚哥 - 德孔波斯特拉（Santiago de Compostela）。——译注

7　"但丁的小羊"出自中世纪的意大利诗人但丁·阿利吉耶里（Dante Alighieri）的《神曲·炼狱篇》（Divina Commedia-Purgatorio）第 3 歌，第 79—84 行。但丁用这一意象形容炼狱山脚下灵魂列队前行的样子："好像小羊走出围栏 / 先是一只，然后三三两两，其他的小羊 / 怯生生地口鼻朝向地面；/ 第一只羊做什么，其他的羊也跟着做，/ 挨挨挤挤地靠在它身边，如果它停下来，/ 其他的羊也止步不前，恬静而驯服，尽管不知道这是为什么。"——译注

第 2 章

1　Staututa criminalia; Rubrica generalis de forma citiationis in criminalibus; De tormentis, seu quaestionibus.

2　Cod. Lib. IX; Tit. XLI, De quaestionibus, 1. 8.

3　《十二铜表法》（Dodici Tavole）是公元前 451—450 年由十人执政团制定的法律，是古罗马首部以文字

形式编纂的法典，是罗马法的基础之一。——译注

4 十人委员会（decemvirato）是《十二铜表法》的制定者。——译注

5 Verri, Osservazioni sulla tortura, § XIII.

6 英国的刑法典在审讯犯人时不寻找能证明一个人清白或有罪的证据，这间接却又必然地排除了用这种虚假和残忍的方式来获得口供的做法。弗朗西斯科·卡索尼（Francesco Casoni）（De tormentis, cap, I, 3）和安东尼奥·戈麦兹（Antonio Gomez）（Variarum resolutionum etc., tom. 3, cap. 13, de tortura reorum cap. 4）作证说，至少在他们的时代，阿拉贡王国（regno d'Aragona）并没有采用酷刑。奥托尼·塔贝尔（Ottone Taber）引用了乔万尼·罗切尼奥（Giovanni Loccenio）的《论瑞典哥特人的法律》（Synopsis juris Sueco-gothici），见 Tractat. de tortura, et indiicis delictorum, cap. 2, 18。塔贝尔作证说在瑞典也是一样。我不知道是否有某些欧洲国家取消了鞭刑，还是说它们在上个世纪就已摆脱这种卑鄙的刑罚了。

7 普洛斯佩洛·法利纳齐（Prospero Farinacci, 1544—1618）是一名罗马法学家。他最著名的作品是《刑法理论与实践》（*Praxis et Theorica Criminalis*）。——译注

8 Verri, Oss. § VIII. – Farin. Praxis et Theor. criminalis, Quaest. XXXVIII, 56.（译按：这句拉丁文的意思即上文维里的引用，即"法官们为了享受［……］"。）

9 弗朗西斯科·达·布鲁诺（Francesco dal Bruno），15世纪的锡耶纳法官，其代表作为《论证据与酷刑》（De indiciis et tortura）。——译注

10 安杰罗·达莱佐（Angelo d'Arezzo），15世纪托斯卡纳地区地方官，大学教授。——译注

11 Fran. a Bruno, De indiciis et tortura, part. II, quaest. II, 7.

12 圭多·达·苏萨拉（Guido da Suzara），中世纪法学家。——译注

13 这份诏书是查士丁尼一世《民法大全》（Corpus iuris civilis）的补充。——译注

14 Guid. de Suza, De Tormentis, 1. – Cod. IX, tit. 4, De custodia reorum; 1.

15 巴尔多·戴伊·乌巴尔迪（Baldo degli Ubaldi, 1327—1400），中世纪法律学家，教会法和民法方面的专家。——译注

16 Baldi, ad lib. IX Cod. tit XIV, De emendatione servorum, 3.

17 帕里德·达·波佐（Paride dal Pozzo, 1410—1493），意大利法学家。——译注

18 Par. de Puteo, De syndicatu; in verbo: Crudelitas officialis, 5.

19 J. Clari, Sementiarum receptarum, Lib V, § fin. Quaest. LXIV, 36.

20 朱利奥·克拉罗（Giulio Claro, 1525—1575），皮埃蒙特地区的法学家，代表作为《通用法律意见集》。——译注

21 Gomez, Variar. resol. t. 3, c. 13, De tortura reorum, 5.

22 安东尼奥·戈麦兹（Antonio Gomez），16 世纪西班牙民法学家，萨拉曼卡大学教授。——译注

23 Oss. § XIII.

24 Hipp. de Marsiliis, ad Tit. Dig. de quaestionibus; leg. In criminibus, 29.

25 Praxis, etc. Quaest. XXXVIII, 54.

26 Pratica causarum criminalium; in verbo: Expedita; 86.

27 Quaest. XXXVIII, 38.

28 Oss. § VIII.

29 Sent. rec. lib. V, quaest, LXIV, 12. Venet. 1640; ex typ.

Barietana, p. 537.

30 Ven. apud Hier. Polum, 1580, f. 172 – Ibid. apud P. Ugolinum, 1595. f. 180.

31 "Nam"为拉丁语连词,意思是"因为,实际上,举例来说"。——译注

32 马泰奥·达弗里多(Matteo D'Afflito, 1448—1528),那不勒斯的法官和法学家。——译注

33 指那不勒斯国王费德里科一世(Federigo I),1496—1501年在位。——译注

34 Verri, loc. cit. – Clar, loc. cit. 13.

35 Ibid., Quaest. XXXI, 9.

36 巴尔多鲁·达·萨索费拉托(Bartolo da Sassoferrato, 1313/4—1357),14世纪的法学家。——译注

37 Bartol. ad Dig. lib. XLVIII, tit. XVIII, I. 22.

38 Et generaliter omne quod non determinatur a iure, relinquitur arbitrio iudicantis. De tormentis, 30.

39 Et deo lex super indiciis gravat coscientias iudicum. De Syndicatu, in verbo: Mandavit, 18.

40 埃吉迪奥·博斯(Egidio Bossi, 1488—1546),16世纪刑法研究者。——译注

41 Ægid Bossii, Tractatus varii; tit. de indiciis ante torturam, 32.

42 Ibid. Quaest. XXXVII, 193 ad 200.

43 弗朗西科斯·卡索尼（Francesco Casoni），16世纪刑法学家。——译注

44 Francisci Casoni, Tractatus de tormentis; cap. I, 10.

45 Oss. § VIII.

46 Ibid.

47 Paradis de Puteo, De syndicatu，相关语段："需要注意的是，法官在调查犯罪真相时应懂得随机应变。"

48 詹巴蒂斯塔·巴以阿尔迪（Giambatista Baiardi, 1530—1600）是帕尔马的一名贵族，因对克拉罗作品的评论而被后人铭记。——译注

49 Ad Clart. Sentent. recept. Quaest. LXIV, 24, add. 80, 81.

50 皮埃特罗·贾诺内（Pietro Giannone, 1676—1748），意大利哲学家、史学家、法学家，是意大利启蒙运动先驱之一。——译注

51 Istoria civile, etc., lib. 28, cap. ult.

第 3 章

1 Praxis et Theoricae criminalis, Quaest. LII, 11, 13, 14.

2 Ibid. Quaest. XXXVII, 2, 3, 4.

3 《论犯罪与刑罚》是 18 世纪的意大利法学家、哲学家与经济学家切萨雷·贝卡里亚（Cesare Beccaria）的作品。该书为现代刑法学的奠基之作。——译注

4 P. Follerii, Pract. Crim., Cap. Quod suffocavit, 52.（译按：皮埃特罗·弗雷里奥 [Pietro Follerio] 为 16 世纪意大利法学博士。）

5 Quando crimen est gravius, tanto praesumptiones debent esse vehementiores; quia ubi majus periculum, ibi cautius est agendum. – Abbatis Panormitani, Commentarium in libros decretalium, De praesumptionibus, Cap. XIV, 3.

6 Clar. Sent. Rec. lib. V § 1, 9.

7 伊波利托·里米纳尔迪（Ippolito Riminaldi, 1520—1589），费拉拉大学教师，因在文学、医学和法学方面的研究而享有盛誉，著有《针对重大案件的建议或回答》（*Consilia seu responsa in causis grauissimis*）。——译注

8   Hipp. Riminaldi, Consilia; LXXXVIII, 53. – Farin. Quaest. XXXVII, 79.

9   Clar. Ib. Lib. V, § fin. Quaest. LXIV, 9.

10 吊刑（Tratto di corda）是拷问嫌犯的常用辅助手段之一。施刑人用绳子将受刑人的双手反绑在身后，将受刑人吊起，到达一定高度后再使其落下。此种酷刑可造成关节脱臼。——译注

11 如果出现了针对被告人的更明显的证据，则可对被告人重复施刑。Dig. lib. XLVIII, tit. 18, 1, 18.

12 可以重复施刑吗？明显是可以的，如同《学说汇纂》中就重复施刑这一问题所写的那样。但是诸位也许会说，不可在缺乏新证据的条件下重复施刑。Odofredi, ad Cod. lib. IX, tit. 41, 1. 18.（译按：奥多夫雷多·戴纳里[Odofredo Denari, 1226—1265]是13世纪博洛尼亚的注释者和法学家。）

13 Cyni Pistoriensis, super Cod. lib. IX, tit. 41, l. de tormetis, 8.

14 Bart. ad Dig. loc. cit.

15 V. Farinac. Quest. XXXVIII, 72, et seq.

16 指上帝。——译注

17 Oss. § III.

18　Tractat. var.; tit. De tortura, 44.

19　安布罗乔·斯宾诺拉（Ambrogio Spinola, 1569—1630），热内亚人，西班牙将军，被视作西班牙军事史上最伟大的将领之一。他于1629年被授予米兰总督一职，1630年在围攻卡萨莱的战役中逝世。——译注

20　V. Farinac. Quest. LXXXI, 277.

21　Constitutiones dominii mediolanensis; De Senatoribus.

22　Op. cit. tit. De confessis per torturam, II.

23　朱塞佩·里帕蒙蒂（Giuseppe Ripamonti, 1573—1643），伦巴第大区教会历史学家，他记录了米兰1630年的瘟疫，这部作品是曼佐尼写作《约婚夫妇》时的参考文献之一。——译注

24　De peste, etc. pag. 84.

25　Oss. § IV.

26　曼佐尼之所以说"没把它放对地方"，是因为在他看来，里帕蒙蒂错误地叙述了这段历史，翻译这句话则服务于错误的目的。——译注

第4章

1　Quaest. XLIII, 192. V. Summarium.

2　Tractat. var., tit. De oppositionibus contra testes; 21.

3　Et si consanguinei erant, pag. 87.

4　Oss. § IV.

5　Dig. Lib. XXII, tit. V, De testibus; I, 21, 2.

6　V. Farinacci, Quaest. XLIII, 134, 135.

7　Op. cit. Quaest. XXI, 13.

8　Op. cit. De indiciis et considerationibus ante torturam; 152.

9　磨制一种特殊用途剪刀的工人，这种剪刀被用于裁剪金线。这是一种属于次要工业行业的职业，它的存在可以证明主要工业行业有多么繁荣。

10　这是米兰方言中的古老的感叹词，等同于托斯卡纳方言中的madiè。根据秕糠学院（Accademia della Crusca）的解释，这是"古代普罗旺斯语中的小品词"。它的原意是"我的上帝啊"，是人们在赌咒发誓时常说的话之一，这些惯用语因为被过于频繁地使用而进入了人们的日常生活。但是在这种情况下，上帝之名并非被白白提起。（译按：秕糠学院是16世纪成立于佛罗伦萨的一个语言学术组织，云集了意大利语言学与语文学方面的专家，主要研究规范意大利语。）

11　Quaest. XLIII, 172-174.

12　Farinacci, Quaest. XLIII; 185, 186.

13　菲洛塔斯(Filota)，马其顿将军帕曼纽(Parmenione)的长子，亚历山大大帝时期的将军。有人指控他与一桩针对亚历山大大帝的谋反事件有牵连。人们无法确证他是否真的参与其中，但他很可能预先得到了谋反的消息，却没有将其告知亚历山大大帝。为了让他供出参与谋反的同伙，法官对他进行了严刑拷打。随后他被判有罪，并在同年被亚历山大大帝指派的杀手杀害。——译注

14　Plutarco, Vita d'Alessandro; traduzione del Pompei.

15　Q. Curtii, VI, II.（译按：本句拉丁语为前文"大人您想让我说什么［……］"的原文。）

16　Farinacci, Quaest. L. 31; LXXXI; 40; LII, 150, 152.

17　Res est (quaestio) fragilis et periculosa, et quae veritatem fallat. Nam plerique, patientia sive duritia tormentorum, ita tormenta contemnunt, ut exprimi eis veritas nullo modo possit, alii tanta sunt impatientia, ut quovis mentiri quam pati tormenta velint. Dig., Lib. XLVIII, tit. XVIII, 1, I, 23.

18　前文引用的敕令，第 766 页。（译按：见本书第 2 章中有关审讯不得以酷刑开始的部分。）

第 5 章

1 一种从 16 世纪开始通行于米兰公国的钱币。——译注

2 一种通行于 12—18 世纪的钱币。——译注

3 "戈罗萨"一词有"注释,注解"之意,一般指由博洛尼亚伊勒奈里奥学派(la scuola di Irnerio)编纂的罗马法注释合集。该合集起初为对查士丁尼(Giustiniano)法典所做的行间或页边评注,经伊勒奈里奥及其领导的评注者们编纂后,在其后几个世纪里为基于罗马法形成的欧洲法律奠定了基础。——译注

4 Farinacci, Quaest. XXXVII, 110.

5 Oss. § IV.

6 quorum capita... fingenti inter dolores gemitusque occurrere. Liv. XXIV, 5.

7 语出贺拉斯,《颂诗集》(Carmina),第 3 卷。——译注

第 6 章

1 堂贡扎罗·德·科尔多巴(don Gonzalo de Cordova), 1626—1629 年担任米兰总督。——译注

2 一种通行于 16—17 世纪的钱币。——译注

3 杜卡特是一种中世纪晚期以来流通于欧洲的货币。威尼斯铸造的杜卡特金币纯度高、币值稳定。——译注

4 Oss. § V, in fine.

5 Caro, trad. dell' Eneide, lib. VII.（译按："残酷的女神"指古罗马复仇三女神之一的阿莱克托 [Alecto]，掌管混乱和民怨。）

第 7 章

1 pag. 107, 108.

2 巴蒂斯塔·纳尼（Batista Nani, 1616—1678），威尼斯法学家与外交官，著有《威尼斯共和国史》（Historia della Republica Veneta）。——译注

3 Nani, Historia veneta; parte I, lib. VIII, Venezia, Lovisa, 1720, pag. 473.

4 路德维科·安东尼奥·穆拉托利（Ludovico Antonio Muratori, 1620—1750），17 世纪最富盛名的的学者之一，被视为意大利史学史之父。——译注

5 Lib. I, cap X.

6　Istoria civile, etc. Introduzione.

7　Istoria civile, lib. XXXVI, cap 2.

8　法布罗尼引用了贾诺尼"整段挪用,而非诉诸原始文件,并且没有坦率承认"的作家:"康斯坦佐、苏蒙特、帕里诺,主要是布菲里奥。"但是很难说他剽窃布菲里奥(我们找不到这个人是谁)的部分比剽窃康斯坦佐的部分更多,如果他"在开头部分就回应了目的和方法",那么他应该至少把后者一半的作品嵌到了自己写作的历史中。他从帕里诺那里剽窃的部分还要更多,关于这一点我们马上就会谈到。

9　Giannone. Ist. Civ. lib. XXXVI, cap V, e il primo capoverso del VI – Nani, Hist. Ven. parte I, lib. XI, pag 651-661 dell'edizione citata.

10　托马索·阿尼埃罗·阿马尔菲(Tommaso Aniello d'Amalfi, 1620—1647),以"马萨尼埃罗"这个名字为人所熟知,是 1647 年那不勒斯反抗西班牙总督政府起义的领导人物。——译注

11　Giannone, lib. XXXVII, cap. II, III e IV. – Nani, parte II, lib IV, pag. 146-157.

12　Teatro eroico e politico de'governi de'viceré del regno di Napoli, etc. Napoli, 1692, tom. 2°; Duca d'Arcos. 正

如我们所说的，纳尼的文本几乎原封不动地占据了贾诺尼作品中的七个段落，其中最后一段以这些话结束："他们为了弥补其他地方，也为了捍卫王国，提出了数量巨大的供应要求。"这里，插入了帕里诺的话："阿尔科斯公爵总督正为金钱问题忧心忡忡"，而且一如既往地在接下来的两段以及第三段的一半，逐一照搬了帕里诺的文本，并做了些许改动。然后，他又转回去剽窃纳尼的作品，一开始他只是大段地摘抄，然后轮流抄袭纳尼和帕里诺的作品，就好像棋盘上的方格一样。他甚至把这两个人的作品片段或巧妙或笨拙地放在了同一个句子里。以下就是一个例子："这样，在某一个时刻，会使王国生灵涂炭的火灾被扑灭了。这场火灾带来了显著的奇迹，很多人的灵魂在顷刻间转变了，他们一下子从杀戮、仇恨和厌恶中解脱了出来，开始温柔地哭泣，相互拥抱，再也没有敌友之分（Parrino, tom. II, pag. 425）：除了几个在恶意的驱使下仓惶逃命的人，其他人都回归到了他们原先的行业，他们咒骂之前的糊涂，喜气洋洋地拥抱当前的平静（Nani, parte II, lib. IV, pag 157 dell' ediz. cit.）。" Giannone, lib. XXXVII, cap IV, secondo capoverso.（译按：多米尼科·帕里诺［1642—1716］，意大利编辑、演员、历史学家。）

13　V. Giannone, lib. XXXVI, cap VI, e ultimo; tutto il lib.

XXXVII, che ha sette capitoli; e il preambolo del lib. seg. – Nani, parte I, lib XII, pag. 738; parte II, lib. III; IV; VIII – Parrino, t. II, pag. 296 e seg., t. III, pag I e seg.

14 Siecle de Louis XIV; chap. XVII, Paix de Wyswick, not. c.

15 Giannone, lib. XXXIX, cap. ultimo, pag. 461 e 463 del t. IV, Napoli, Niccolò Naso, 1723. – Parrino, t. III, pag. 553 e 567.

16 在某些贾诺尼去世后出版的作品里，帕里诺的名字常常出现在页脚，但是不了解更多情况的读者应该可以想象到他是作为相关内容的见证者，而非作为作者被提到的。

17 保罗·萨尔皮（Paolo Sarpi, 1552—1623），威尼斯共和国的宗教学家、神学家、历史学家。——译注

18 Sarpi, Discorso dell'origine, etc. dell'Uffizio dell'inquisizione; Opere varie, Helmstat (Venezia) t. I, pag 340. – Giannone, Ist. Civ. lib. XV, cap. ultimo.

19 朱塞佩·帕里尼（Giuseppe Parini, 1729—1799），意大利启蒙运动及新古典主义时期的著名代表诗人。——译注

图书在版编目(CIP)数据

耻辱柱的历史 /(意)亚历山德罗·曼佐尼著;刘玥译. -- 上海:上海社会科学院出版社,2023
 ISBN 978-7-5520-4167-5

Ⅰ.①耻… Ⅱ.①亚…②刘… Ⅲ.①历史事件—米兰 Ⅳ.K546.33

中国国家版本馆CIP数据核字(2023)第123118号

拜德雅

耻辱柱的历史
CHIRUZHU DE LISHI

著　　者：	[意]亚历山德罗·曼佐尼(Alessandro Manzoni)
译　　者：	刘　玥
责任编辑：	熊　艳
书籍设计：	左　旋
出版发行：	上海社会科学院出版社
	上海顺昌路622号　邮编：200025
	电话总机：021-63315947　销售热线：021-53063735
	http://www.sassp.cn　E-mail：sassp@sassp.cn
照　　排：	重庆樾诚文化传媒有限公司
印　　刷：	上海盛通时代印刷有限公司
开　　本：	1092毫米 × 787毫米　1/32
印　　张：	6.625
字　　数：	98千
版　　次：	2023年9月第1版　2023年9月第1次印刷

ISBN 978-7-5520-4167-5 /K·695　　　　　定价：58.00元

版权所有，翻印必究